中國學術思想 研究輯刊

三六編

林慶彰 主編

第 7 冊

周易的教育智慧(中)

李志華 著

花木蘭文化事業有限公司

國家圖書館出版品預行編目資料

周易的教育智慧（中）／李志華 著 -- 初版 -- 新北市：花木
蘭文化事業有限公司，2022〔民111〕
目 4+204 面；19×26 公分
（中國學術思想研究輯刊 三六編；第7冊）
ISBN 978-626-344-050-0（精裝）
1.CST：易經 2.CST：注釋
030.8   111010189

ISBN-978-626-344-050-0

9 786263 440500

中國學術思想研究輯刊
三六編 第 七 冊   ISBN：978-626-344-050-0

周易的教育智慧(中)

作　　者　李志華
主　　編　林慶彰
總 編 輯　杜潔祥
副總編輯　楊嘉樂
編輯主任　許郁翎
編　　輯　張雅淋、潘玟靜、劉子瑄　美術編輯　陳逸婷
出　　版　花木蘭文化事業有限公司
發 行 人　高小娟
聯絡地址　235 新北市中和區中安街七二號十三樓
　　　　　電話：02-2923-1455 ／傳真：02-2923-1452
網　　址　http://www.huamulan.tw 信箱 service@huamulans.com
印　　刷　普羅文化出版廣告事業
封面設計　劉開工作室
初　　版　2022 年 9 月
定　　價　三六編 30 冊（精裝）新台幣 83,000 元　　版權所有・請勿翻印

周易的教育智慧(中)

李志華 著

目

次

22. 賁（bì）卦第二十二——師生儀表

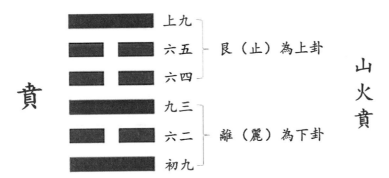

導讀：「愛美之心，人皆有之。」作為教育工作者，應以身作則，為人師表。同時，教育學生做到：心靈和儀表並美，學業和品德兼修。

卦體下離上艮。艮為山、為止，離為火、為明，為山下有火，文采相輝映之象。「賁」，《說文解字》中說：「飾也。」卦義為文飾、修飾，喻指文明教化。全卦下卦側重從「文」的角度談文飾從屬於實質，上卦側重於從「質」的角度談文飾返歸於實質。本卦論述修飾之道。

22.1

賁：亨。小利有攸〔1〕往。

【注釋】

〔1〕攸：所。

【譯文】

《賁》卦象徵文飾：亨通。前往則有小利。

【解說】

「人靠衣裝馬靠鞍。」裝飾能讓我們的生活更加美好。本卦內「離」明外「艮」止，以文明的制度，使每個人止於一定的分際，這就是社會生活必須的裝飾。所以，人們依此而行，必然亨通無比。不過「賁」只是裝飾，雖然美化，但不可喧賓奪主，捨本逐末，所以，只是「小利有攸往」。

22.2

《彖》曰：賁，「亨」。柔來而文剛〔1〕，故「亨」。分剛上而文柔〔2〕，故「小利有攸往」。剛柔交錯，天文也。文明以止〔3〕，人文也。觀乎天

文，以察時變。觀乎人文，以化成天下。

【注釋】

〔1〕柔來而文剛：陰卦「離」居下而文飾上面的陽卦「艮」，或者指「六二」文飾「初九」和「九三」。

〔2〕剛上而文柔：上面的陽卦「艮」文飾下面的陰卦「離」，或者指「上九」文飾「六五」和「六四」。兩者說的都是陽剛和陰柔彼此文飾。

〔3〕文明以止：賁卦下卦離為文明，上卦艮為止，故言「文明以止」。

【譯文】

《彖傳》說：文飾，「亨通」。「離」卦陰柔下來文飾「艮」卦陽剛，所以「亨通」。分出了「艮」卦陽剛向上去文飾「離」卦陰柔，所以說「做事將有小利」。日月星辰剛柔交錯，這是大自然的文飾。用制度文明來約束人，這是人類的文飾。聖人觀察大自然的文飾，從而洞察時序的變遷。觀察人類的文飾，可以教化並成就天下之人。

22.3

《象》曰：山下有火，賁。君子以明庶政〔1〕，無敢折獄〔2〕。

【注釋】

〔1〕庶：眾多。

〔2〕折：判決。

【譯文】

《大象傳》說：山下燃燒著火焰，草木流光溢彩，象徵著文飾。君子效法此象，像火一樣明察各種政務，不能用修飾的方法輕率判決案件。

【解說】

山下有火，火光映照層巒，草木百獸，呈現出光彩耀眼之象。教育工作者從中得到啟示，要加強校園文明禮儀的教育，規範學生的行為。同時，讓學生能遵守校紀校規，不違背國家的大的方針政策，觸碰法律的底線。

22.4

初九：賁其趾〔1〕，捨車而徒〔2〕。

《象》曰：「捨車而徒」，義弗乘也〔3〕。

【注釋】

〔1〕賁：修飾。趾：腳趾。

〔2〕徒：徒步，步行。

〔3〕義：通「宜」，道理。弗：不。

【譯文】

初九：修飾自己的腳趾頭，甘願捨棄乘坐車馬而徒步行走。

《小象傳》說：「甘願捨棄乘坐車馬而徒步行走」，因為「初九」在道義上不該乘坐車馬。

【解說】

按照《周易》體例，初爻作為身體取象一般為足，為腳趾。「初九」和「六四」相應，「六四」位於上爻互卦震之中，震為動車，若「初九」發生爻變，則下卦為艮，艮為阻止，故有「捨車而徒」之象。「初九」處「賁」卦之初，所以文飾程度最輕，只是簡單裝飾腳趾一下，可以說是樸素無文。他以陽爻居陽位得正，雖位卑低下，但不慕虛榮，寧願棄車不坐，也要安步當車，如此潔身自好，擁有樸素之美，讓人歎為觀止。

【智慧點津】此爻揭示文飾應質樸。

【案例解讀】愛因斯坦著裝很樸素。愛因斯坦是德裔美國物理學家，現代物理學的開創者和奠基人。他一生潛心科學研究，從不講究穿著，著裝一般都很樸素。有一次，比利時國王和王後慕名邀請他前去做客，他們按約定時間派司機前去接他。大約半小時後，司機開著空車回來了。原來愛因斯坦穿著帶有塵土的破雨衣去赴約，而司機以貌取人而沒有認出他來。

22.5

六二：賁其須。

《象》曰：「賁其須」，與上興也〔1〕。

【注釋】

〔1〕上：指居上的「九三」陽爻。興：興起，興旺。

【譯文】

六二：修飾自己的鬍鬚。

《小象傳》說：「修飾自己的鬍鬚」，是說「六二」與它上面的「九三」共同興起。

【解說】

「九三」「六四」「六五」「上九」四個爻組成頤卦，頤為面頰，腮幫，鬍鬚在腮幫之下，故有「賁其須」之象。「六二」以陰爻居於陰位，柔順中正，與上方陽剛得正的「九三」異性相吸，一起行動，得以興盛。「九三」如臉面，「六二」如鬍鬚，「皮之不存，毛將焉附」。「陰隨陽而動，文附質而行」，兩者志同道合，才能共建功業。

【智慧點津】此爻揭示文飾不可以脫離實質而存在。

【案例解讀】<u>藍翔技術學院廣告語</u>。山東藍翔挖掘機學校創建於 2000 年，一直以來，它辦學實力雄厚，口碑甚好，但仍有許多有志青年尚未知曉。為了讓學校進一步發展壯大，該校打出了膾炙人口廣告語──「挖掘機哪家強，中國山東找藍翔。」經此一招，它在全國的知名度迅速提高，並很快家喻戶曉，學校規模和效益亦隨之大幅度上升。由此可見，適當注重外表──「賁其須」，會事半功倍。

22.6

九三：賁如，濡如〔1〕，永貞吉。

《象》曰：「永貞」之「吉」，終莫之陵也〔2〕。

【注釋】

〔1〕濡如：光澤的樣子。

〔2〕陵：通「凌」，侵犯。

【譯文】

九三：修飾得光澤柔潤，永遠堅守正道，便可獲得吉祥。

《小象傳》說：「永遠堅守正道」的「吉祥」，是說終究沒有人能對他進行欺凌。

【解說】

下交互卦為坎，坎為水，為陷溺，「九三」身處其中，故有「賁濡」之象。「九三」被上下二陰裝飾得光澤柔潤，然而不能沉溺其中不能自拔。所以，他永遠堅守正道，才能吉祥。文飾應適可而止，不可以使「文」凌駕於「質」之上。有道是「質勝文則野，文勝質則史，文質彬彬，然後君子」。

【智慧點津】此爻揭示文飾不可過度，掩蓋實質。

【案例解讀】<u>公開課走秀「華而不實」</u>。如今許多公開課已經變成「奢華花哨」的走秀課：老師是「導演」，學生是「道具」，課堂把學生步步套入預定的「埋伏圈」，學生一次又一次被彩排，每一個環節都盡善盡美……最終，學生在「聲光電」中，如看電影一樣，畫面華麗，但一無所獲。因此，我們必須制止這種過度「包裝」而引起的浪費資源的短視行為。

22.7

六四：賁如皤（pó）如[1]，白馬翰如[2]。匪寇，婚媾（gòu）[3]。
《象》曰：「六四」當位，疑也。「匪寇，婚媾」，終無尤也。

【注釋】

〔1〕皤：白色。
〔2〕翰如：像鳥飛快的樣子。
〔3〕匪：非。婚媾：結婚。

【譯文】

六四：打扮得全身素白，騎著一匹雪白的駿馬，飛快地往前奔馳。他們不是搶劫的，而是前來求婚的。

《小象傳》說：「六四」陰爻所處的位置，讓人疑慮重重。「他們不是搶

劫的，而是前來求婚的」，說明最終沒有過失。

【解說】

　　若「六四」發生爻變，則下爻互卦為巽卦，巽為白。下互為坎，坎為美脊馬，為隱伏，為強盜，故有爻辭諸象。本卦下體為「離」，側重講文飾，從此爻開始，進入艮體，艮為止，賁終返素，故又重在談質樸。「六四」以陰爻居陰位得正，故文飾非絢麗，而是自然、真誠，有返璞歸真之象。它本與「初九」陰陽正應，心心相印，相互裝飾。然而，「九三」如強盜隔在中間阻攔，也難拆天作之合，所以沒有過錯。

【智慧點津】此爻揭示文飾應以實質為本，文質相配。

【案例解讀】<u>唐宋「古文運動」</u>。駢文又稱駢體文，它以雙句為主，講究對仗的工整和聲律的鏗鏘，注重修辭和運用典故，其始於漢末，盛行於南北朝時期。然而，由於刻意追求辭藻的華麗，反而影響內容的表達，產生諸多流弊。韓愈、柳宗元和歐陽修等為了革除這些弊端，推崇質樸典雅的古文，大力倡導「古文運動」，使文壇掀起了一股清新素樸之風。

22.8

　　六五：賁於丘園，束帛戔戔（jiān）〔1〕，吝，終吉。
　　《象》曰：「六五之吉」，有喜也。

【注釋】

　〔1〕束帛：五匹一束的絹。戔戔：輕少。

【譯文】

　　六五：裝點山丘田園，用一束微薄的絲絹，雖顯吝嗇，但最終可獲吉祥。
　　《小象傳》說：「六五的吉祥」，說明有喜事來臨。

【解說】

　　上卦為艮，艮為山丘，上爻互卦為震，震為樹木，故有「賁於丘園」之象。古代賢士多隱居田園，這裡指艮山外的「上九」。「六五」以柔爻居尊位，具有仁厚之德。國君不去裝飾豪華的都市，而去簡單裝飾內在樸實的山丘林

園，說明他崇尚簡樸。同時，「六五」之君以薄禮來請「上九」賢人出山，他贈送的禮物，雖寒酸和吝嗇，但由於君臣都有質樸之德，所以最終仍然會帶來吉祥。

【智慧點津】此爻揭示文飾重在實質，貴在簡樸。

【案例解讀】<u>林睿校長「節儉」言傳身教</u>。據《國際旅遊島商報》2015 年 6 月 29 日報導：在家裏，林睿校長儉食節衣以身作則，經常教育兒女從小要養成儉樸的習慣。自 2008 年擔任樂東縣民族中學校長後，他更是將自己節儉的作風在學校裏進行言傳身教，以點帶面，他倡導師生養成節儉習慣。從一度電、一滴水、一張紙，乃至綠色出行，事事顯見節儉，處處有關美德。由於他事事以儉為榮，處處以儉養德，整個校園節儉蔚然成風，成為該校一張靚麗的名片，此實乃「束帛戔戔，吝，終吉」。

22.9

上九：白賁〔1〕，无咎。

《象》曰：「白賁，无咎」，上得志也〔2〕。

【注釋】

〔1〕白：素白，不文飾。

〔2〕上：指「上九」居於全卦最上位。

【譯文】

上九：打扮素白，沒有災禍。

《小象傳》說：「打扮素白，沒有災禍」，說明這完全符合「上九」樸素無華的心志。

【解說】

《雜卦傳》曰：「賁，無色也。」所以說「白賁」。「上九」下乘重陰，所以說「得志」。「上九」不中不正和「九三」無應，本應有咎，但其處賁卦之極，賁極而剝，歸於樸素，文極返質，重為「白賁」，故能轉化為「无咎」。「丹漆不文，白玉不雕」，「上九」能持「白」自守而得其志，所以沒有什麼禍害。

【智慧點津】此爻揭示文飾的最高境界在返璞歸真。

【案例解讀】<u>愛因斯坦穿舊大衣的故事</u>。愛因斯坦沒有成名時，生活非常艱苦，在衣著上十分隨便。有一天，他走在紐約街頭，碰見了一個熟人。那人見他穿得很寒酸，就問他：「你怎麼穿得這麼破啊？」愛因斯坦笑著說：「沒關係的，這裡沒有人認識我。」幾年以後，愛因斯坦成為世界著名的科學家。那位熟人再次遇見他，驚訝地問道：「你怎麼還是穿得這麼破？」但是愛因斯坦依然笑著回答說：「我不需要買新衣服了，反正這裡的每個人都認識我。」

23. 剝卦第二十三——防微杜漸

導讀：「好習慣養成了，一輩子受用；壞習慣養成了，一輩子吃虧。」作為教育工作者，應抓早抓小，防微杜漸，培養學生良好的學習與生活習慣。

卦體下坤上艮。艮為山，坤為地，為高山附於地，有山崩倒塌落為平地之象。卦形五陰在下，一陽在上，五陰逼一陽，有陰盛陽衰，小人得勢，君子困頓之象。「剝」，《說文解字》中說：「裂也。從刀從錄。錄，刻割也。」卦義為剝落、銷蝕。本卦闡釋衰弱之時應防微杜漸的道理。

23.1

剝：不利有攸〔1〕往。

【注釋】

〔1〕攸：所。

【譯文】

《剝》卦象徵剝落：不利於前去行事。

【解說】

「千里之堤，潰於蟻穴。」陰爻象徵小人，陽爻象徵君子，剝卦正值「君子道消，小人道長」之時，君子應當懂得順應時勢，適可而止，謹言慎行，才能避免不利形勢的傷害，所以說「不利有攸往」。

23.2

《彖》曰：剝，剝也，柔變剛〔1〕也。「不利有攸往」，小人長也。順而止〔2〕之，觀象也。君子尚消息〔3〕盈虛，天行也。

【注釋】

〔1〕柔變剛：本卦六爻中只有「上九」是陽爻，其他五個陰爻欲消滅它。

〔2〕順而止：剝卦下卦為坤，為順，上卦為艮，為止，故言「順而止」。

〔3〕消息：陽爻增長陰爻減少稱作「息」，陰爻增長陽爻減少稱作「消」，故言「消息」。十二消息卦中，復、臨、泰、大壯、夬、乾為六陽息卦；姤、遯、否、觀、剝、坤為六陰消卦，他們象徵一年四季循環運行。

【譯文】

《彖傳》說：剝，剝落，指陰柔逐漸增長，侵蝕消滅「上九」陽剛。「不利於前去行事」，因為爻象表明小人的勢力正猖獗。這時君子要順應時勢，停止行動，這是觀察卦象得到的啟示。君子崇尚消亡生長、盈滿虧虛的規律，這是大自然運行的法則。

23.3

《象》曰：山附於地，剝。上以厚下安宅〔1〕。

【注釋】

〔1〕厚：敦厚。安宅：安居。

【譯文】

《大象傳》說：高山受侵蝕頹落而依附於地，象徵著剝落。位居高位的人效法此象，敦厚地對待在下的老百姓，使他們安居樂業。

【解說】

高山崩頹而附著於地，有剝落之象。教育工作者從中得到啟示，於是敦厚地對待學生，以生為本，辦好人民滿意的教育，進而實現教育的長治久安。

23.4

初六：剝床以足〔1〕，蔑貞〔2〕，凶。

《象》曰：「剝床以足」，以滅下也。

【注釋】

〔1〕以：及，到。足：床腿。

〔2〕蔑：通「滅」，毀滅、消滅。

【譯文】

初六：剝蝕床體先由床腿開始，蝕滅正道，預示兇險。

《小象傳》說：「剝蝕床體先由床腿開始」，說明已經損害下面的根基。

【解說】

若「初六」發生爻變，則下卦變為震卦，震為足，為動，故有「足」之象。卦形上實下虛，如床，故爻辭多以床取象。床乃安身之所，此比喻國家，「初六」相當於基層。「初六」以陰爻居於陽位，失正無應，處剝卦之始，先剝落床腿，損壞根基，如果掉以輕心，勢必威脅到了君王的政權，必然兇險。

【智慧點津】此爻揭示剝落應防微杜漸。

【案例解讀】<u>從大學生到階下囚</u>。據《重慶晚報》2013 年 5 月 15 日報導：2010 年，畢業不久的重慶某大學生鄭某（在外租住），由起初不偷不拿只蹭「鄰居」免費網，隨後發展到吃牛肉、水果，順走 U 盤和指甲刀，最後發展到偷現金……準備收手時被抓現行。「勿以惡小而為之」，「惡不積不足以滅身」，如果他能事先防微杜漸，就不會有今日陷入牢獄之災。

23.5

六二：剝床以辨〔1〕，蔑貞，凶。

《象》曰：「剝床以辨」，未有與也〔2〕。

【注釋】

〔1〕辨：床板的下方，床腳的上方部分，相當於榫頭。

〔2〕與：幫助。

【譯文】

六二：剝蝕到了床頭，蝕滅正道，非常凶險。

《小象傳》說：「剝蝕到了床頭」，這是因為「六二」沒有他人的幫助。

【解說】

陰陽相應為「有與」。「六二」和「六五」都是陰爻，互不相應，沒有援助，故說「未有與」。「六二」剝落由下而上，已到床身，邪惡更進一步的侵蝕正直，愈加兇險。這是因為「六二」以陰爻居陰位，晦暗不明，同時，上方和「六五」敵應無助的緣故。此時，「六二」孤立無援，它只得以自身的中正，靜觀其變，以躲避難以預知的險難。

【智慧點津】此爻揭示剝蝕加劇之時，應守正防凶。

【案例解讀】<u>偷工減料建學校，坪斜梁掉房報廢</u>。據百度文庫《偷工減料建學校，坪斜梁掉房報廢》一文所述：1988 年 12 月，某市楊莊鄉柏村學校，因年久失修，被市教育局定為危房。由市、鄉資助和該村群眾集資共 5 萬餘元，新建該村學校。張某某、范某某、范某某、李某某承包了該項工程。上述四被告人，在一無施工圖紙，二無技術力量，三無施工許可證的情況下，盲目組織施工。在建房過程中，不顧工程質量，不抓管理，偷工減料，中飽私囊，致使坪斜梁掉，工程報廢，給國家和人民群眾造成嚴重損失。最後，人民法院依法判決張某某有期徒刑 3 年；范某某有期徒刑 2 年；范某某有期徒刑 2 年；李某某有期徒刑 1 年。這就是「剝床以辨，蔑貞，凶」的道理。

23.6

六三：剝之，无咎。

《象》曰：「剝之，无咎」，失上下也〔1〕。

【注釋】

〔1〕失：脫離，斷絕。

【譯文】

六三：雖被剝落，卻沒有什麼災禍。

《小象傳》說：「雖被剝落，卻沒有什麼災禍」，這是因為「六三」不與上下二陰爻為伍。

【解說】

「六三」身處上下五個陰爻中間，獨與「上九」陽剛相應，是能見賢思齊而不與上下二陰結黨營私的君子，所以說「失上下」。在眾陰剝陽之時，「六三」「含陽待復」，不同流合污，所以沒有災禍。

【智慧點津】此爻揭示在剝落之時，更應潔身自好。

【案例解讀】<u>朱自清寧死不吃美國救濟糧</u>。朱自清是我國現代著名的散文家、詩人、民主戰士。晚年身患嚴重的胃病，薪水微薄，養家困難，更無錢治病。一天，吳晗請他在「抗議美國扶日政策並拒絕領美援麵粉」的宣言書上簽字，他毅然簽了名並說：「寧可貧病而死，也不領取這種侮辱性的施捨。」隨後，他在《日記》中寫道：「此事每月須損失六百萬法幣，影響家中甚大，但余決定簽名，因余等既反美抗日，自應直接由己身做起。」兩個月後，他因貧病交加，不幸去世。

23.7

六四：剝床以膚〔1〕，凶。

《象》曰：「剝床以膚」，切近災也〔2〕。

【注釋】

〔1〕膚：床面。

〔2〕切近：接近。

【譯文】

六四：睡床剝蝕已達床面，有兇險。

《小象傳》說：「睡床剝蝕已達床面」，是說「六四」已經接近兇險。

【解說】

「六四」居艮體，艮為表面（一陽在外），為膚，所以說「剝床以膚」。剝蝕從床腳、床頭，至此已達床面；而人與床有肌膚之親，切膚之痛，切身之害。現在，「六四」災禍已經迫近「六五」之君，伴君如伴虎，必然兇險。

【智慧點津】此爻揭示剝蝕臨身，凶險異常。

【案例解讀】「諱疾忌醫」的故事。扁鵲是戰國時的名醫，有一次去見蔡桓公。他說：「您有病了，現在病還在皮膚裏，若不趕快醫治，病情將會加重！」桓公聽了笑著說：「我沒有病。」十天以後，扁鵲又去見他，說：「您的病已經發展到肌肉裏，再不醫治就會加重。」桓公不理睬他。過了十天，扁鵲又去見他，說：「您的病已經轉到腸胃裏去了，再不從速醫治，就會更加嚴重了。」桓公仍舊不理睬他。又過了十天，扁鵲去見桓公時，對他望了一望，轉身就跑。桓公覺得很奇怪，於是派使者去追問。扁鵲回答：「病在皮膚、肌肉、腸胃的時候，不論針灸或是服藥，都還可以醫治；病若是到了骨髓裏，那還有什麼辦法呢？現在桓公的病已經深入骨髓，我也無法替他醫治了。」五天以後，桓侯渾身疼痛，趕忙派人去請扁鵲，而扁鵲早已逃到秦國。桓公不久就死掉了。

23.8

六五：貫魚〔1〕，以宮人寵〔2〕，无不利。
《象》曰：「以宮人寵」，終無尤也〔3〕。

【注釋】

〔1〕貫魚：貫穿在一起的魚。
〔2〕以：率領。宮人：後宮的嬪妃。
〔3〕尤：過失。

【譯文】

六五：像串魚一樣率領嬪妃承寵於君主，沒有什麼不利。
《小象傳》說：「率領嬪妃承寵於君主」，說明「六五」最終沒有什麼過失。

【解說】

魚為陰美之物，這裡指群陰嬪妃，「六五」是陰爻，故如此比擬。若本爻發生爻變，則上卦變為巽卦，巽為魚，為繩子，故有「貫魚」之象。「六五」以陰爻居尊位，是眾陰之長，這裡相當於「皇后」。它下和「六二」無應助，上和「上九」相比鄰。在剝極將復之時，「六五」皇后率領後宮的嬪妃，像一串魚似的，依名分次序，承受君王「上九」的寵愛。也就是說，「六五」能依附和歸順「上九」，反制群陰，不使進逼，率領同夥從善，最終沒有過失。

【智慧點津】此爻揭示剝落之時，應守護碩果，含陽待復。

【案例解讀】<u>馬皇后領銜後宮井然有序</u>。馬皇后，名秀英，安徽宿州人，是明朝開國皇帝朱元璋的結髮妻子。她聰慧仁慈，儉樸愛民，不僅對外胸懷天下，體恤民情，護衛臣工，對內也是事無鉅細、事必躬親，不謀求私利和干涉朝政。作為皇后，在後宮她大權獨攬，但能以身作則，勤儉持家，「雖敝不忍易」。「妃嬪宮人被寵有子者，厚待之。」此外，她還「勤於內治，暇則講求古訓。告六宮，以宋多賢後，命女史錄其家法，朝夕省覽」。如此，整個後宮和諧相處，被她治理得井井有條，實乃「貫魚，以宮人寵，无不利」。難怪《明史》中這樣稱讚她：「母儀天下，慈德昭彰。」

23.9

上九：碩果不食〔1〕，君子得輿，小人剝廬〔2〕。

《象》曰：「君子得輿」，民所載也。「小人剝廬」，終不可用也。

【注釋】

〔1〕碩：大。

〔2〕廬：房屋。

【譯文】

上九：碩大的果實沒有被摘吃，君子摘取則驅車濟世，小人摘取則必然家破人亡。

《小象傳》說：「君子得到大車」，是由於得到百姓的擁戴和承載。「小人摘取則家破人亡」，是說小人終究是不可以任用的。

【解說】

上卦為艮，艮為山，為果實，「上九」孤陽獨存，故有「碩果不食」之象。又上交互卦為坤，坤為民眾，為大車。艮為停止，為房舍，卦形好像房屋，故說「廬」。此外，陽爻為君子，眾陰為小人，所以又有「君子得輿，小人剝廬」之象。「上九」處剝卦之終，是唯一未被群陰剝落的陽爻，可以說是碩果僅存，沒有被小人吃掉。但正是這一粒果仁，蘊含星火燎原的生機和活力。君子得之，驅車以濟世，得到百姓的擁戴，如果是陰險的小人得之，出現在上位，就必然國破家亡。歷史上的小人都是在陷害忠良，禍國殃民後，多行不義必自斃。

【智慧點津】此爻揭示剝落至極，只有依靠君子，才能力挽狂瀾。

【案例解讀】仰孝升扎根山區 38 年育桃李。據澎湃新聞客戶端 2021 年 9 月 14 日報導：仰孝升是陝西省山陽中學副校長，特級教師，「全國勞動模範」，首屆「西部紅燭兩代師表獎獲獎者」。1983 年，他從陝西師範大學物理系畢業後，回到家鄉陝西省山陽縣中學成為一名高中物理教師。當時一起分配到山陽中學的有 5 個人，山區環境艱苦，收入微薄，在隨後的幾年裏，其他 4 人相繼離開，去了條件優越的大城市。面對外界各種誘惑，年輕的仰孝升成為名副其實的「留守者」，這一留就是整整 38 年。38 年來，他扎根祖國西部山區，始終踐行陝西師範大學「西部紅燭精神」，投身祖國西部基礎教育事業，在平凡的崗位上教書育人、堅守擔當、奉獻祖國，為孩子們播種希望，為山區教育撐起一片藍天。「一枝獨秀不是春，百花齊放春滿園」，未來如果有更多的教育工作者自告奮勇加入其中，那麼我國的山區教育事業必然會更加穩健發展。

24. 復卦第二十四——改過自新

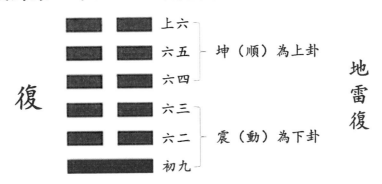

復

坤（順）為上卦

震（動）為下卦

地雷復

　　導讀:「人非聖賢,孰能無過。過而改之,善莫大焉。」作為教育工作者,要堅持眼睛向內,保持一顆淳樸美善的心,做正確的事,正確地做事。

　　卦體下震上坤。震為雷、為動。坤為地、為順,雷在地中,有「一陽來復」春回大地之象,又動則順,動在順中,萬物循序運動,前途不可限量。「復」,《說文解字》中說:「往來也。」卦義為返回,恢復。本卦主要闡釋復歸正道的道理。

24.1

　　復:亨。出入無疾[1],朋[2]來无咎。反復其道[3],七日來復[4]。利有攸往。

【注釋】

〔1〕出:陽剛上長。入:陽剛返復。疾:疾病。

〔2〕朋:朋友,這裡指遞增而來的同性陽爻。

〔3〕反復其道:陰陽此消彼長,此長彼消的天道運行規律。

〔4〕七日來復:陰陽交互往復變化,以七日為一週期。「七日」是天道運行的規律。

【譯文】

　　《復》卦象徵復歸:亨通。陽氣生長、返回沒有害處,朋友結伴前來沒有災禍。返轉復歸沿著一定規律,七天為一個週期。利於有所前往。

【解說】

　　復卦為「初九」一陽萌生於眾陰之下,陽剛日益增長,孕育無限生機和活力,所以卦辭稱「亨」。陽氣出而往外或入而守內,都合於時宜而沒有疾患,故說「出入無疾」。它又為十二消息卦之一,由一陰始生在五月的姤卦,逐步上升,經過全部變成陰的十月的坤卦,再到一陽復來的十一月的復卦,前後經過七個卦(姤、遯、否、觀、剝、坤、復),剛好七個爻,將一爻看作一日,歷經「七日」,所以說「七日來復」。復卦正值君子道長之時,因此「利有攸往」,即利於積極進取而有所作為。

24.2

　　《彖》曰:復,「亨」。剛反[1],動而以順行[2],是以「出入無疾,

朋來无咎」。「反復其道，七日來復」，天行〔3〕也。「利有攸往」，剛長也。
復，其見天地之心〔4〕乎！

【注釋】

〔1〕剛反：指「上九」陽爻從上位返回到下位，成為「初九」，呈現一陽回復之勢。
反，通「返」。

〔2〕動而以順行：復卦下卦震為動，上卦坤為順，故言「動而以順行」。

〔3〕天行：天道。

〔4〕天地之心：天地運行的規律。

【譯文】

《彖傳》說：復歸，「亨通」。「初九」陽剛又返回，運動而順應規律往上
行，因此「出入沒有疾病，朋友漸次到來沒有災禍」。「萬物返轉復歸有一定
規律，七天會重新開始」，這是大自然的運行法則。「利於有所前往」，這是因
為從「初九」開始，陽剛之道日益向上生長。復歸，它大概就體現了天地循環
往復，主宰萬物的心意吧！

24.3

《象》曰：雷在地中，復。先王以至日閉關〔1〕，商旅不行，後不省
方〔2〕。

【注釋】

〔1〕至曰：冬至之日。

〔2〕後：君主。省方：巡視邦國。

【譯文】

《大象傳》說：雷在地中潛藏，象徵著陽氣復歸。古代君王效法此象，
在陽氣初生的冬至這一天關閉城門，杜絕商人、旅客出行，君王也不到四方
去巡察。

【解說】

冬至天氣寒冷至極，雷會進入地澤中休息；此時一陽萌生，陽氣微弱，
萬物應以休養生息為主。但是，過了冬至，白天逐漸變長，微弱的陽氣也開
始慢慢變強，大地呈現出新的生機和希望。教育工作者從中得到啟示，要培

養學生善心，涵養其道德。同時，善用激勵法則，讓其不斷擴充和壯大，「星星之火，可以燎原」。

24.4

初九：不遠復，無祗（qí）悔〔1〕，元吉。
《象》曰：「不遠之復」，以修身也。

【注釋】
〔1〕祗：大。

【譯文】
初九：走得不遠就返回到正道，沒有大的悔恨，大吉大利。
《小象傳》說：「走得不遠就返回到正道」，這是因為「初九」善於修身改過。

【解說】
下卦為震，震為足，為動，引申為行走及返回等行為。復卦的前面一卦是剝卦，兩者首尾相連，相繼出現，間隔時間不長，所以有「不遠復」之象。「初九」以陽爻居於陽位，居身得正，是全卦唯一的陽爻和主爻。在一陽來復之際，他係全卦生機於一身，志在上升，但陽剛之力尚且微弱，因而必須安守貞靜，以靜養動，乘時而起。所以，當他在錯誤的道路上沒走多遠就認識到自己的錯誤，並迅速回到正確道路上來了。這種「過，則無憚改」的精神，無疑沒有大的懊悔，會大吉大利。

【智慧點津】此爻揭示恢復正道，應及早修身改過。

【案例解讀】徐悲鴻改鴨子。徐悲鴻早年畫了一幅《東坡春江水暖詩意》。有一次，他拿這幅畫參加展覽的時候，一位觀眾忽然上前對他說：「先生，你這幅畫裏的鴨子畫錯了，你畫的是麻鴨，麻鴨尾巴哪有這樣長的？」眾人一看，原來是徐悲鴻畫中的麻鴨尾羽捲曲如環。那人又說：「雄鴨羽毛鮮豔，尾巴捲曲是有的，麻鴨雌性羽毛麻褐色尾短，畫錯了。」徐悲鴻聽了這話，趕忙承認是自己疏於寫生，深深致謝而退。

24.5

六二：休復〔1〕，吉。

《象》曰：「休復之吉」，以下仁也〔2〕。

【注釋】

〔1〕休：美，善。

〔2〕仁：這裡指率先回復於陽的「初九」。

【譯文】

六二：美好的復歸，吉祥。

《小象傳》說：「美好復歸的吉祥」，這是因為「六二」能夠主動親近下面「初九」的仁德。

【解說】

若「六二」發生爻變，則下卦變為兌卦，「兌」通「悅」，故有「休復」之象。「六二」以陰爻居於陰位，柔順中正，下比「初九」陽剛，因而能主動親而向下，謙遜地歸向於他，心悅誠服地向陽剛復歸，以尊道輔仁，所以吉祥。

【智慧點津】此爻揭示恢復正道，應當禮賢下士。

【案例解讀】<u>燕昭王修建「黃金臺」</u>。公元前311年，燕昭王即位，為了振興燕國，收復失地，他就拜郭槐為師，並讓他修建了「黃金臺」，作為招納天下賢士的地方。不久，樂毅、鄒衍、劇辛等前來投奔，共同為燕國的復興大業出謀劃策。經過20多年的努力，燕國日益強盛，終於在與趙、韓、魏、秦等聯軍之下打敗了齊國，奪回了被佔領的土地。

24.6

六三：頻復〔1〕，厲，无咎。

《象》曰：「頻復之厲」，義无咎也〔2〕。

【注釋】

〔1〕頻：同「顰」，皺眉。

〔2〕義：理應。

【譯文】

六三：愁眉苦臉地復歸正道，雖有危險，卻沒有災禍。

《小象傳》說：「愁眉苦臉地復歸正道，雖有危險」，從改過自新來看沒有災禍。

【解說】

若「六三」發生爻變，則下交互卦變為坎卦，坎為險陷，引申為加憂，為心病，故有「顰復」之象。「六三」以陰爻居陽位不中不正，又與「初九」無比無應，不得不勉強復歸於正道。它還處在內卦「震」動之極，搖擺不定，所以，頻頻犯錯，又頻頻改過，簡直大錯不犯，小錯不斷。不過，在君子道長之時，它能改過自新，當然沒有過失。

【智慧點津】此爻揭示恢復正道，應當果斷、堅決，不可屢錯不改。

【案例解讀】「亡羊補牢」的故事。從前，有個人養了幾隻羊。一天早晨，他去放羊，發現少了一隻。原來羊圈破了個窟窿，夜裏狼從窟窿鑽進去，把那隻羊叼走了。街坊勸他說：「趕快把羊圈修一修，堵上那個窟窿吧。」他卻說：「羊已經丟了，還修羊圈幹什麼呢？」第二天早上，他去放羊，發現羊又少了一隻。原來，狼又從窟窿鑽進去，把羊叼走了。他很後悔自己沒聽從街坊的勸告，便趕快堵上了那個窟窿，修好了羊圈。從此以後，他的羊再也沒丟過。

24.7

六四：中行獨復〔1〕。

《象》曰：「中行獨復」，以從道也。

【注釋】

〔1〕中行：中途，中道。

【譯文】

六四：走在中途，獨自返回。

《小象傳》說：「走在中途，獨自返回」，是為了遵從正道。

【解說】

「六四」以陰爻居陰位當位得正，處在五個陰爻中間，所以說「中行」。它又獨與「初九」正應，和眾一同出行而中途獨返，所以說「獨復」。它特立獨行，唯道是從，正可謂「正其義（誼）不謀其利，明其道不計其功」。

【智慧點津】此爻揭示恢復正道，必須堅持中正之道。

【案例解讀】布魯諾堅持「日心說」。布魯諾是意大利文藝復興時期偉大的思想家，一接觸到《天體運行論》，就認定它是科學的真理，並決定至死為之奮鬥。由於他勇敢地宣揚和捍衛哥白尼的「日心說」，反對「地心說」，而被捕入獄，最後被宗教裁判所判為「異端」，燒死在羅馬鮮花廣場。

24.8

六五：敦復〔1〕，無悔。

《象》曰：「敦復，無悔」，中以自考也〔2〕。

【注釋】

〔1〕敦：敦厚，誠懇。

〔2〕中：中正。自考：自我考察。

【譯文】

六五：敦厚篤實地復歸，沒有悔恨。

《小象傳》說：「敦厚篤實地復歸，沒有悔恨」，說明「六五」能夠以中道自我反省。

【解說】

上卦為坤，坤為地，天高地厚，故有「敦復」之象。「六五」以柔爻居尊位，中庸柔順。當此復歸的時刻，能夠篤實誠懇地返回正道，當然不會有後悔。

【智慧點津】此爻揭示恢復正道，應該不斷敦厚從善。

【案例解讀】<u>徐溥儲豆律己</u>。據無憂考網 2015 年 10 月 20 日載：徐溥是明代內閣首輔和文淵閣大學士。在求學期間，他仿傚古人，不斷檢點自己的言行，在書桌上放了兩個瓶子，分別貯藏黃豆和黑豆。每當心中產生一個善念，或是說出一句善言，做了一件善事，便往瓶子中投一粒黃豆；相反，若是言行有什麼過失，便投一粒黑豆。開始時，黑豆多，黃豆少，他就不斷地深刻反省並激勵自己；漸漸黃豆和黑豆數量持平，他就再接再厲，更加嚴格地要求自己；久而久之，瓶中黃豆越積越多，相較之下黑豆漸漸顯得微不足道。直到他後來為官，還保留著這一習慣。

24.9

上六：迷復，凶，有災眚（shěng）〔1〕。用行師，終有大敗，以其國君〔2〕，凶；至於十年，不克征〔3〕。

《象》曰：「迷復之凶」，反君道也。

【注釋】

〔1〕眚：眼睛生翳，引申為災禍。

〔2〕以：連及。

〔3〕克：能。

【譯文】

上六：迷途不返，有兇險，有災禍。如果行軍作戰，最終將有大敗，危及國君，以至於十年不能再出兵征戰。

《小象傳》說：「迷途不返，有兇險」，因為「上六」違背了君王之道。

【解說】

上卦為坤，坤為死，為眾，國土，為十，故有「災眚」「大敗」「師」「國君」「十年」諸象。「上六」以陰柔而居復卦之終，距離「初九」陽剛最遠，象徵到最後還不能迷途知返，必然兇險，天災人禍相繼而來。這時如果有軍事行動，必然大敗，累及國君，十年之久也未打敗敵人。

【智慧點津】此爻揭示恢復正道，迷途不知返，必然兇險。

【案例解讀】微電影《迷途》勸人改過從善。該影片主要講述了兩位無知的高中生，由於家庭教育的缺失，使他們走上了犯罪的道路，最終在檢察官的教導下迷途知返。它告誡青少年應該明辨是非，謹慎交友，拒絕一切不良誘惑，以免誤入歧途，害人害己。

25. 无妄卦第二十五——正心誠意

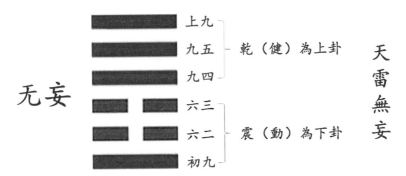

无妄

上九
九五 ┐
九四 ┘乾（健）為上卦
六三 ┐
六二 ├ 震（動）為下卦
初九 ┘

天雷無妄

導讀：教育不能異想天開，老師不能妄言妄行。作為教育工作者，只有遵循教育教學規律，時刻保持正心、正念、正行、正能量，不拔苗助長，不急功近利，唯此才會有良好的教學效果。

卦體下震上乾。乾為天，震為雷，有天下打雷，萬物警惕、不胡作非為之象。「妄」，胡亂，虛妄。《无妄》，卦義為不虛偽，不胡思亂為。本卦闡釋正心誠意的道理。

25.1

无妄：元亨，利貞。其匪〔1〕正，有眚（shěng）〔2〕，不利有攸〔3〕往。

【注釋】

〔1〕匪：通「非」，不。

〔2〕眚：眼睛生翳（yì），引申為災禍。

〔3〕攸：所。

【譯文】

《无妄》卦象徵不妄為：非常亨通，有利於堅守正道。如果言行背離正道就會遭災，不利於前去行事。

【解說】

「惟天下之大誠，能立天下之大本」。本卦內卦「震」是動，外卦「乾」是健，又「九五」和「六二」均居中且正，還陰陽相應。如此行動而剛健，合乎天道，自然非常亨通。然而，如果動機不純正，將有災禍，前進不利。

25.2

《彖》曰：无妄，剛自外來而為主於內〔1〕。動而健，剛中而應〔2〕，大亨以正，天之命也。「其匪正有眚，不利有攸往」，无妄之往，何之矣？天命不祐，行矣哉！

【注釋】

〔1〕剛自外來而為主於內：「初九」陽爻從外卦乾「一索」而得，成為內卦之主，故言「剛自外來而為主於內」。

〔2〕動而健，剛中而應：无妄卦下卦為震，為動，上卦為乾，為健，故言「動而健」。「九五」為陽爻，居於上卦之中，又和「六二」陰爻相應，故又言「剛中而應」。

【譯文】

《彖傳》說：不妄為，「初九」陽剛從外部來到內部而成為一卦之主。「震」動而又「乾」健，「九五」和「六二」各居上下卦的中位，並且互相支持，堅守正道而非常亨通，這就是天理。「如果言行背離正道，就有災禍，不利於前去行事」，這是說在沒有虛妄之時而背離正道前行，又能走到哪裏去呢？上天不加保佑，還能行得通嗎！

25.3

《象》曰：天下雷行，物與无妄〔1〕。先王以茂對時，育萬物〔2〕。

【注釋】

〔1〕與：都。

〔2〕茂：勤勉。對：配合，順應。時：時序，時機。

【譯文】

《大象傳》說：雷在天下運行，萬物都心懷敬畏之心不敢妄為。古代帝王效法此象，勤勉配合四季時序，順應天命以養育萬物的生長。

【解說】

　　天下雷動，人們都受到驚嚇而不敢胡作非為。教育工作者從中得到啟示，要遵循教育規律，抓住時機，從小順應學生的天性，對其因材施教，讓其自然成長。

25.4

　　初九：无妄，往吉。

　　《象》曰：「无妄」之「往」，得志也〔1〕。

【注釋】

　　〔1〕得志：遂願。

【譯文】

　　初九：不要妄想妄為，往前行事就會吉祥。

　　《小象傳》說：「不要妄想妄為」的「前行」，是說這樣就可以實現自己的志願。

【解說】

　　下卦為震，震為足，為動，足動即為行走，故有「往」之象。「初九」以陽爻居陽位，當位得正，處无妄之初，是一位起步就不妄為的剛毅君子。他和「九四」敵應，象徵沒有虛妄之舉；又居震之初動，能按照天道規律而行動，且前遇二陰，陽遇陰則通，所以前進吉祥。

【智慧點津】此爻揭示无妄初心，方得善終。

【案例解讀】<u>歷史老師用「一輩子」備課</u>。蘇霍姆林斯基《給教師的一百條建議》中講述了這樣一個故事：一個在學校工作了 33 年的歷史教師，上了一堂非常出色的觀摩課。聽課的一位教師問他：「您的每一句話都具有極大的感染力，請問，您花了多少時間來準備這堂課？」那位教師回答：「這節課我準備了一輩子。而且，一般地說，每堂課我都準備了一輩子。但是，直接針對這個課題的準備，我花了約 15 分鐘。」由此可見，一個教師只有秉持一顆无妄之心，精心備好每一堂課，才能獲得滿堂喝彩，實現「无妄，往吉」。

25.5

六二：不耕穫，不菑畬（zī yù）〔1〕，則利有攸往〔2〕。
《象》曰：「不耕穫」，未富也。

【注釋】

〔1〕菑：新開荒地。畬：耕種多年的熟田。

〔2〕則：就。

【譯文】

六二：不耕種就不想收穫，不開荒地就不想種熟地，這樣就有利於前往。

《小象傳》說：「不耕種就不想收穫」，是說空想不能帶來財富。

【解說】

「初九」至「九五」構成風雷益卦。益卦下交互卦為坤卦，坤為田地，為牛。上卦為巽，巽為木，可指用木頭製作的耕田農具；下卦為震卦，震為足，為動，足動即為行走。上交互卦為艮，艮為山，為果實，為手，故有手握犁耙，驅牛耕田之象，所以說「不耕穫，不菑畬」。「六二」以陰爻居陰位，柔順中正，又上與尊爻「九五」相應交好，因而能夠順應天道，不期望不耕耘就有收穫，不期望剛開墾的土地就能成為良田，如此才能稱得上无妄，才能有利於向前進發。

【智慧點津】此爻揭示无妄就是不存非分之想，順其自然。

【案例解讀】「守株待兔」的故事。《韓非子·五蠹》記載：「宋人有耕者，田中有株，兔走觸株，折頸而死。因釋其耒而守株，冀復得兔。兔不可復得，而身為宋國笑。」這則寓言故事告訴我們：不要心存僥倖，貪圖不勞而獲。只有靠自己的辛勤勞動，才能創造美好的生活。

25.6

六三：无妄之災，或繫之牛〔1〕，行人之得，邑人之災〔2〕。

《象》曰：「行人」得牛，「邑人」災也。

【注釋】

〔1〕繫：拴。

〔2〕邑人：村人。

【譯文】

六三：發生了意想不到的災難，如同有人把一頭牛拴在村邊道路旁，被過路人順手牽走，當地居民卻因此而遭受冤枉之災。

《小象傳》說：「過路人」順手把牛牽走，「當地居民」卻因此被懷疑而遭受冤枉之災。

【解說】

上爻互卦為巽，巽為繩直；下爻互卦為艮，艮為鼻。「初九」和「六二」「六三」「九四」四個爻組成一個放大的離卦，離為牛，故有「繫牛」之象。又本爻處於三才之中的人位，且在震卦頂端，震為動、為行，所以又有「行人之得」之象。「六三」以陰爻居陽位不中不正，又處於震動之極，急欲和「上九」相應，因而躁動不安，這種不正當的私欲違背了无妄的原則，所以會出現爻辭中的情景。因而，「六三」只有平時修正言行，超然物外，才能避免這種「无妄之災」。

【智慧點津】此爻揭示雖然不妄為，但也可能因偶然因素而遭災。

【案例解讀】<u>南京某小學生被高空拋物砸傷</u>。2019 年 6 月 19 日 15 時 18 分，南京一名 10 歲小學生在放學路上，經過東寶路的時代天地廣場，突然被高空中扔下來的一件不明物體砸中頭部，跌倒在地。經調查，係樓上一個 8 歲男童所為。所幸，該女孩經醫院搶救已經脫離生命危險。

25.7

九四：可貞〔1〕，无咎。

《象》曰：「可貞，无咎」，固有之也〔2〕。

【注釋】

〔1〕貞：正。

〔2〕固：本來。

【譯文】

九四：能夠堅守正道，就沒有災禍。

《小象傳》說：「能夠堅守正道，就沒有災禍」，是說這是「九四」本身所固有的品德。

【解說】

下交互卦為艮，艮為山、為止，故有「可貞」之象。「九四」以陽爻居陰位失位不中，下與「初九」敵應，又靠近「九五」之君，本來容易動輒得咎。然而，它又以剛爻處柔位，剛而能柔，守謙不妄為，所以能堅守无妄正道，沒有災禍。

【智慧點津】此爻揭示守正不妄為，可以免過。

【案例解讀】<u>楊震「暮夜卻金」</u>。據范曄《後漢書》記載：東漢時，楊震在荊州做刺史時，發現王密才華出眾，便向朝廷推薦他做昌邑縣縣令。後來楊震調任東萊做太守，上任途中路過了王密任職的昌邑縣。王密知道後親自去郊外迎接他。夜深臨別時，王密拿出金條以感謝楊震的提攜之恩，遭到楊震堅決拒絕。王密又以三更半夜無人知曉勸收，但楊震卻以「天知，神知，你知，我知」嚴厲斥責。王密頓時滿臉通紅，像賊一樣溜走了。楊震廉潔自律「可貞，无咎」，實乃今日無數從政為官者之鏡鑒。

25.8

九五：无妄之疾，勿藥有喜〔1〕。

《象》曰：「无妄」之「藥」，不可試也。

【注釋】

〔1〕有喜：病癒。

【譯文】

九五：沒有妄為卻得了疾病，不必忙亂服藥，自可病癒。

《小象傳》說：「沒有妄為而患病所用的藥」，是不可以隨便試服的（因為病會自行消除）。

【解說】

若「九五」發生爻變，則上交互卦變為坎卦，坎為加憂，為心病，故有「疾」之象。又上交互卦為巽，巽為草木，引申為草藥。下交互卦為艮，艮為山，為停止，所以又有「勿藥」之象。「九五」以陽爻居陽位，處尊而又剛健中正，是本卦之主；其與下卦中正的「六二」賢臣相應，可謂无妄之至，上下合作，國泰民安。「禍福無門，惟人自召。」君子只要堅守純正，真誠待人，正如無病不可以服藥，病會不治而愈。如果因小事而興師動眾，小題大做，隨意用藥治療，反而影響免疫力，超越无妄而為妄，只會自取其害。

【智慧點津】此爻揭示真誠不造作，无妄自愈。

【案例解讀】郭橐（tuó）駝種樹。據柳宗元在《種樹郭橐駝傳》中所述：郭橐駝有佝僂病，他最擅長種樹，他種的樹沒有不存活的，有許多達官貴人都去禮請他。有人問他：「您種樹有什麼訣竅呢？」他說，我種樹沒有什麼訣竅，就是有耐心。我將樹種下之後就不管它了，不像有的人在家裏種了一兩棵樹，就天天去侍弄它，等也等不及，希望它快點兒長大，今天去摸摸，明天將葉子弄弄，結果，三天不到樹就死了。他的這種「順木之天，以致其性」「勿動勿慮，去不復顧」的植樹觀，實乃「无妄之吉，勿藥有喜」的生動寫照。

25.9

上九：无妄，行有眚（shěng）〔1〕，无攸利。

《象》曰：「无妄」之「行」，窮之災也〔2〕。

【注釋】

〔1〕眚：災禍。

〔2〕窮：窮途末路。

【譯文】

上九：沒有妄為，盲目行動會有禍患，沒有什麼利益。

《小象傳》說：「沒有妄為而盲目行動」，是說「上九」因窮途末路而要遭災。

【解說】

若「上九」發生爻變，則上卦變為兌卦，兌為毀折，缺損，引申為災禍，故有「眚」之象。「上九」處于无妄之終，乾體之極，陽剛健行，已經無路可走。此時如果逞強，物極必反，无妄就成為有妄，有害無利。

【智慧點津】此爻說明无妄應樂天知命，逞強有凶。

【案例解讀】<u>高占偉的「神童訓練計劃」</u>。據《現代女報》2004年4月29日《「神童」哭了我想有個快樂的童年》一文報導：高占偉是一個普通的打工仔，他望子成龍心切，在兒子4歲半的時候就制定了一個「超級神童訓練計劃」：三年裏要學完小學六年的全部課程；初步掌握3門外語……孩子在長期超負荷的高壓下身心俱疲，最後導致多種語言混淆、失語、癡呆……

26. 大畜卦第二十六——蓄養德智

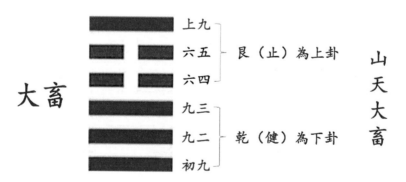

導讀：「水之積也不深，其負舟也無力。」要給學生一碗水，自己得有一桶水。作為教育工作者，只有不斷提高自己的學識與德行，才能以識服人、以德育人，讓學生長成參天大樹。

卦體下乾上艮。艮為山，為篤實，乾為天，為剛健，有大山包容蒼天之象。卦形「乾」健被「艮」止所阻止，阻止的對象大，阻止的力量也大，因此成為大的積蓄。「畜」，本義是將動物繫在欄圈裏，用穀物飼養，作為食物的

儲備，又同「蓄」，有聚、止、養等義。《大畜》，卦義為大量畜養積聚，包括知識、道德、學問和財富。本卦闡述蓄積德智之道。

26.1

大畜：利貞。不家食〔1〕，吉。利涉大川。

【注釋】

〔1〕不家食：不在家裏吃飯；引申為讓賢能的人吃皇糧。

【譯文】

《大畜》卦象徵大量的畜養積聚：有利於堅守正道。不要讓賢能的人在家吃飯，而是食祿於朝，把才能貢獻給國家，這樣便可以獲得吉祥。有利於渡過艱難險阻。

【解說】

「十年樹木，百年樹人」，知識、道德和財富，需要日積月累，所以我們要腳踏實地，永遠堅守正道。一個人才德兼優，不應在家中自食其力，獨善其身，而應貢獻社會，「學成文武藝，貨與帝王家」，故說「不家食，吉」。君子才德豐盈，自會戰勝一切艱難險阻，故又說「利涉大川」。

26.2

《彖》曰：大畜，剛健篤實輝光〔1〕，日新其德。剛上而尚賢〔2〕，能止健〔3〕，大正也。「不家食，吉」，養賢也。「利涉大川」，應乎天也。

【注釋】

〔1〕剛健篤實輝光：大畜卦下卦為乾，為剛健；上卦為艮，為篤實，「九三」「六四」「六五」「上九」四爻形成離卦，離為日，故言「剛健篤實輝光」。

〔2〕剛上而尚賢：指「上九」居於最高位，它能禮賢下士，尊重賢者。

〔3〕能止健：倒語，意為健而（能）止。大畜卦下卦乾為健，上卦艮為止，故言「健而止」。

【譯文】

《彖傳》說：大畜，君子剛健厚實，如天光山氣相映生輝，德行天天更新。「上九」陽剛居上而尊重賢才，並能蓄積剛健者，這是偉大的正道。「不在家裏吃飯，吉利」，說明君主能尚賢養賢。「有利於渡過艱難險阻」，這是

因為順應自然規律。

26.3

《象》曰：天在山中，大畜。君子以多識前言往行〔1〕，以畜其德〔2〕。

【注釋】

〔1〕識：記住。

〔2〕畜：通「蓄」，蓄積。

【譯文】

《大象傳》說：天被包藏在山裏，象徵著大量的蓄積。君子效法此象，因此多記取先賢的嘉言善行，來積累自己的德行。

【解說】

天很大，但被包容在山裏面，可見其包容、積蓄之大。《程傳》云：「人之蘊畜，由學而大，在多聞前古聖賢之言與行，考跡以觀其用，察言以求其心，識而得之，以蓄成其德。」教育工作者從中得到啟示，應該常從古聖先賢和傳統經典中，獲得教益，提高自己的品德。

26.4

初九：有厲〔1〕，利已〔2〕。

《象》曰：「有厲，利已」，不犯災也。

【注釋】

〔1〕厲：危險。

〔2〕已：停止。

【譯文】

初九：有危險，利於暫時停止。

《小象傳》說：「有危險，利於暫時停止」，是說不要冒險前進。

【解說】

本卦內「乾」健外「艮」止，內卦的三個陽爻，都被外卦的三個應爻所阻

擋，所畜止。「初九」處乾體且以陽爻居於陽位，易躁動貿然行事。但是其陽德卑微，德智畜積不足，若是急功近利前往相應「六四」，必定被其阻止而招致災禍，所以爻辭告誡「有厲，利已」。古語道「先育其德，再成其道」，便是此意。

【智慧點津】此爻揭示蓄積之初，德智不足，切忌展露拳腳。

【案例解讀】<u>蘇秦早年游說各國受挫</u>。蘇秦是戰國時期著名的縱橫家，早年拜鬼谷子為師。學成後，他急於游說各國，想成就一番功業。但遭到各國國君的拒絕，他只好狼狽而歸，還受到兄嫂的冷落和譏笑，實乃「有厲」「犯災」之舉。所幸，他從此閉門苦讀，以錐刺股，一年後才學大有長進。於是，他重新出遊，使燕、韓、魏、齊、楚、趙六國最終同意聯合攻秦，其為縱約長，兼佩六國相印，使秦國十五年不敢出兵函谷關。

26.5

九二：輿說輻〔1〕。

《象》曰：「輿說輻」，中無尤也〔2〕。

【注釋】

〔1〕說：通「脫」，鬆脫。輻：車軸。

〔2〕尤：過錯。

【譯文】

九二：車子脫離輪軸，（車不能前進）。

《小象傳》說：「車子脫去輪軸，不再前進」，因為「九二」堅守中道，能夠自度量力而止，所以沒有冒進的過失。

【解說】

下卦為乾，乾為天，為圓，圓形，又下交互卦為兌，兌為毀折，故有「輿說輻」之象。「九二」也是剛健進取之才，如車一樣，本來是要向前運轉行走的，但被相應的「六五」所阻止，又其在內卦得中，不偏激，能見機行事，主動停止不前，以反身修德，蓄勢待發，當然不會有過失。

【智慧點津】此爻揭示實現大有蓄積，應當審時度勢，及時停止。

【案例解讀】《教師教育敘事範文：上課時突然飛來一隻大馬蜂》。據該文所述：有一次，「我」正在五年級講作文，講得正興起時，忽然，學生中出現一陣騷動。「老師，飛來一隻大馬蜂！」一個膽小的小女孩尖叫道。其他學生個個慌了神。有的嚇得在屋裏亂跑，有的乾脆躲到了課桌底下，還有幾個膽大的男生，竟拿起書拍打起馬蜂來。馬蜂受到驚嚇，四處逃竄，東躲西藏……整個教室炸開了鍋。眼看課是沒法繼續下去，於是，我靈機一動，微笑著對孩子們說：「同學們，都趴在課桌上，老師給你們講個故事好嗎？」「我」的號召很快得到孩子們的響應，他們一個個乖乖地坐了下來，趴在桌上興致勃勃地聽起了「我」的故事。最後，故事講完了，孩子們意猶未盡，連馬蜂是什麼時候飛走的竟渾然不覺。

26.6

九三：良馬逐〔1〕，利艱貞。日閑輿衛〔2〕，利有攸往。
《象》曰：「利有攸往」，上合志也。

【注釋】

〔1〕逐：奔馳。

〔2〕閑：即「嫻」，學習，訓練。輿衛：駕車和防衛。

【譯文】

九三：良馬競相奔馳，利於在艱難中堅守正道。只有每天嫻熟地掌握了駕車和防衛的技能，才能利於前去行事。

《小象傳》說：「利於前去行事」，是因為「九三」與「上九」志同道合。

【解說】

下卦為乾，乾為馬，為白天，為金車。上交互卦為震，震為動，為逐。下交互卦為兌，兌為沼澤，為艱險，故有爻辭諸象。「良馬」是指乾卦的三個剛爻，比喻為賢才。「九三」經歷「初九」「九二」的磨練階段，至此德智已經有了相當的蓄養，像一匹經過訓練的「良馬」，可以向前奔馳。「九三」與「上

九」都陽剛激進，志同道合，猶如「良馬逐」。可是，「九三」以陽爻居陽位，過於剛健冒進，就有陷入危險的可能；所以，自己必須能夠警覺艱險，堅守正道，才會有利。

【智慧點津】此爻揭示實現大有蓄積，應不斷艱苦磨煉，謹慎小心。

【案例解讀】<u>陶侃搬磚的故事</u>。陶侃是東晉有名的將軍，在平定了蘇峻之亂以後，因功封了大官，過起了養尊處優的生活。日子一久，他覺得不能再這樣荒廢身體和心志。於是，他每天早晨把一百塊磚從屋內搬到院子裏，晚上又把它們搬回屋內。鄰居看在眼裏，覺得他好像在做虛功。於是有人好奇地問其原因。陶侃回答說：「我剛剛在中原打完仗，卻過著優逸的生活。不這樣做的話，以後再打仗恐怕就很難勝任了。」由此可見，一個人平時只有「利艱貞，日閑輿衛」，才能「利有攸往」。

26.7

六四：童牛之牿（gǔ）〔1〕，元吉。
《象》曰：「六四元吉」，有喜也。

【注釋】

〔1〕童牛：未長角的小牛，這裡指「初九」。
〔2〕牿：裝在牛角上的橫木，以防觸傷人。

【譯文】

六四：小牛角上套上防止頂人的橫木，大吉大利。
《小象傳》說：「六四大吉大利」，是說有喜事來臨。

【解說】

上卦為艮，艮為少男；上交互卦為震，震為木，木可以製作橫木。若「六四」發生爻變，則上卦變為離卦，離為牛，故有「童牛之牿」之象。又下交互卦為兌，兌為口，為悅，故有「有喜」之象。「初九」陽剛好動，「初生牛犢不怕虎」，急於向外尋求發展，但「六四」立即對他進行蓄止。這樣既保護其陽

剛，又防止其傷人，止惡於萌，所以大吉，值得欣喜。

【智慧點津】此爻揭示蓄積應防惡於萌。

【案例解讀】「孟母三遷」的故事。孟子，名軻，戰國時期思想家、教育家，儒家學派的代表人物。他小時候很貪玩，好模仿。他家原來住在墳地附近，他常常玩築墳墓或學別人哭拜的遊戲。孟母認為這樣不好，就把家搬到集市旁邊，孟子又模仿別人殺豬和做生意的遊戲。孟母認為這個環境也不好，再將家搬到學堂附近。從此，孟子安心學習禮節和知識，終於成為一代大儒，被後人稱為「亞聖」。

26.8

六五：豶（fén）豕之牙〔1〕，吉。
《象》曰：「六五之吉」，有慶也。

【注釋】

〔1〕豶豕：閹割去勢的豬。

【譯文】

六五：閹割過的公豬的牙齒，（不會傷人），吉祥。
《小象傳》說：「六五的吉祥」，是指福慶來臨。

【解說】

豬性剛躁，常以利齒咬人，閹割後則牙齒猶存而凶性已除，溫順無比，更有益於圈養和增肥。「初九」如剛性初生以角頂人的牛犢，「九二」就像以牙傷人的公豬。「六五」柔中而居尊，對「九二」閹割釜底抽薪，能以柔制剛，有效蓄止，因而吉祥可慶。

【智慧點津】此爻揭示蓄積應當正本清源，抓住根本。

【案例解讀】教育部：堅決執行師德師風鐵律，公開曝光 8 起師德違規案例。據《中國青年報》2021 年 4 月 19 日報導：日前，教育部公開曝光了 8 起違反教師職業行為十項準則典型問題，包括課堂上歧視侮辱學生、誘導學生參加

有償補課、體罰學生等問題。教育部重申了對師德違規問題「零容忍」的堅決態度，堅決執行師德師風鐵律，把「害群之馬」及時清除出教師隊伍。此舉有利於扼殺師德師風歪風，正所謂「豶豕之牙，吉」。

26.9

上九：何天之衢（qú）[1]，亨。

《象》曰：「何天之衢」，道大行也。

【注釋】

〔1〕何：同「荷」，承受，肩負。衢：四通八達之路。

【譯文】

上九：承荷通天大道，亨通。

《小象傳》說：「承荷通天大道」，是說「上九」的畜德之道大為通行。

【解說】

「上九」位於天位，屬於艮卦主爻，似扁擔扛物；又上交互卦為震，震為大塗（通「途」），即寬闊大道，故有「何天之衢」之象。「上九」為本卦的終極之爻，他經過對前面乾體三個剛爻的蓄止、蓄養，至此自身的素養德行、物質的積累都已達到頂峰，可謂功德圓滿。此時，他可以自由通行，大展宏圖。

【智慧點津】此爻揭示蓄極而通，本領已成，應大展宏圖。

【案例解讀】<u>姜子牙下山施展抱負</u>。姜子牙（約前1156～約前1017），姜姓，呂氏，名尚，字子牙，號飛熊，我國古代影響久遠的傑出韜略家、軍事家與政治家，被尊為「百家宗師」。他十二歲上崑崙山，七十二歲下山，學藝六十年。學成後，他輔佐周文王姬昌建立霸業，幫助周武王姬發消滅商紂，建立了周朝。其間，他開創制定各種典章制度、平定內亂、開疆拓土等，為周朝作出了不可磨滅的貢獻。

27. 頤卦第二十七——養身養德

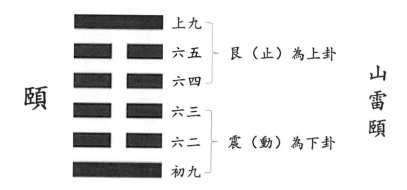

導讀:「每天鍛鍊一小時,健康工作五十年,幸福生活一輩子」。作為教育工作者,要教育學生既「文明其精神」,又「野蠻其體魄」,讓他們身心健康,全面發展。

卦體下震上艮。艮為山為止,震為雷為動。吃東西時,大半上顎不動下顎動,有咀嚼進食之象。卦形似口,外實內虛,實者養人,虛者為人養。「頤」,本義是下巴,引申為頤養,卦義為養育。本卦主要講述頤養身心的養生之道。

27.1

頤:貞吉。觀頤,自求口實〔1〕。

【注釋】

〔1〕口實:口糧。

【譯文】

《頤》卦象徵頤養:堅守正道吉祥。觀看萬物頤養的情況,就知道人要自食其力,謀取口中食物。

【解說】

「觀頤」,觀察天下萬物的頤養之道,包括「養人之道」和「自養之道」,都必須堅守正道。頤養下卦三爻,屬於震體,震為動,象徵口動不停、好吃貪食,側重講養身,因此爻辭多凶。上卦三爻,屬於艮體,艮為止,側重講養德,因此爻辭多吉。

27.2

《彖》曰：頤〔1〕，「貞吉」，養正則吉也。「觀頤」，觀其所養也。「自求口實」，觀其自養也。天地養萬物，聖人養賢以及萬民，頤之時大矣哉〔2〕！

【注釋】

〔1〕頤：頤養。

〔2〕頤之時大矣哉：頤養之道，在自然界是「天地養萬物」，在社會上是「聖人養賢以及萬民」。由此可見，適時的頤養，意義很大。

【譯文】

《彖傳》說：頤養，「守正吉利」，是說君子堅守正道養生就吉祥。「觀看嘴巴」，是說要考察他人的養生之道。「自己謀求食物」，是說觀察他怎樣養活自己。天地養育萬物，聖人則養育賢才並且擴大到百姓，頤卦之時所蘊含的道理，真是太偉大啊！

27.3

《象》曰：山下有雷，頤。君子以慎言語〔1〕，節飲食〔2〕。

【注釋】

〔1〕慎：謹慎。

〔2〕節：節制。

【譯文】

《大象傳》說：山下響動著春雷，萬物萌芽，象徵著頤養。君子效法此象，謹慎說話，節制飲食，以修身養性。

【解說】

山下雷聲轟響，有頤養之象。教育工作者從中得到啟示，應當教育學生不要胡亂說話，飲食上要注重營養平衡，不挑食、不暴飲暴食，從而保持身心健康。

27.4

初九：捨爾靈龜〔1〕，觀我朵頤〔2〕，凶。

《象》曰：「觀我朵頤」，亦不足貴也。

【注釋】

〔1〕捨：丟掉，捨棄。爾：你的，這裡指「初九」。靈龜：古人認為龜不食，而且長壽，其能預知吉凶，所以稱「靈龜」。

〔2〕我：指「六四」。朵頤：鼓動兩腮咀嚼食物。

【譯文】

初九：捨棄神龜自養的美德，卻貪看我鼓動兩腮進食，有兇險。

《小象傳》說：「貪看我鼓動兩腮進食」，是說「初九」喪失正道的行為，並不值得尊重。

【解說】

全卦是一個放大的離卦，離外實內虛，有如烏龜，故有「靈龜」之象。下震為動，所以又有「朵頤」之象。本卦「初九」「上九」兩陽爻主養人，中間四個陰爻有被養、求養之義。「初九」以陽爻居陽位而得正，本來是有養生正道的，完全可以像靈龜那樣以內質自養而不求養於外食。然而它主動與「六四」的小人相應，猶如以陽剛之實求養於陰虛，放棄以氣自養的正道。「臨淵羨魚，不如退而結網」，這種貪於口腹之求的捨本逐末的行為，不值得尊重，所以有兇險。

【智慧點津】此爻揭示頤養之初貪婪羨慕他人有凶。

【案例解讀】中學教師下海創業失敗後吸毒販毒落網。據《華商報》2021 年 6 月 15 日報導：20 世紀 80 年代，52 歲的紀某曾是戶縣某中學的一名教師眼見別人賺得盆滿缽溢，於是下海經商，沒想到生意遭受巨大挫折。百無聊賴之際，他開始吸食冰毒。無意中，他瞭解到從成都能低價搞來冰毒，不但可供自己吸還能賺一筆。紀某販毒走上「致富路」後，不但還清了之前的債務，還買了車子和房子。6 月 7 日，民警接到可靠線索，紀某已前往成都購買毒品，將於 6 月 8 日晚返回西安。6 月 9 日上午 10 時，在繞城高速河池寨出口，民警攔下紀某的小轎車，並從車內後備箱的膠皮墊下查獲冰毒 6 包，共計 300克。目前，紀某已被警方刑事拘留。

27.5

六二：顛頤，拂經於丘頤〔1〕，征凶。

《象》曰：「六二征凶」，行失類也。

【注釋】

〔1〕拂：違背。經：常，常理。丘：高地，指高居上位的「上九」。

【譯文】

六二：顛倒向下求養，又違背常理，向上尋求供養，前往就有兇險。

《小象傳》說：「六二前往就有兇險」，是說它的行動脫離同類。

【解說】

上卦為艮，艮為山丘，故有「丘頤」之象。「六二」以陰爻居陰位，居中得正，本來應該遵循養生正道，自力更生。但它資質柔弱，不能夠自我供養，必須求助於陽剛。如果它尋求在下方的「初九」供養，就顛倒違背常理，因為自古以來，都是在上位者供養在下位者，所以說「顛頤，拂經」。無可奈何，它又想乞食卦主「上九」供養。但「上九」位高權重，而且與之無應，沒有供養的義務，加之途中有眾陰阻擋，所以前往有凶，故爻辭說「於丘頤，征凶」。

【智慧點津】此爻強調求養必須依循常理，不可違背原則。

【案例解讀】<u>大學生「啃老」七年被趕出家門</u>。據《京華時報》2014 年 7 月 30 日報導：北京某大學生畢業後一直閒在家裏等吃喝，還將一名女網友帶回家長期同居。面對父母的勸說，他稱父母有義務養自己。萬般無奈之際，被啃老長達 7 年的徐朱夫婦將兒子訴至海淀法院，並申請強制執行趕獨生子出門。「滴自己的汗，吃自己的飯，自己的事自己幹，靠人靠天靠祖上，不算是英雄好漢」，一個人只有自力更生，才能夠走得更遠。

27.6

六三：拂頤，貞凶〔1〕。十年勿用，无攸利。

《象》曰：「十年勿用」，道大悖（bèi）也〔2〕。

【注釋】

〔1〕貞：守正。

〔2〕悖：背離。

【譯文】

六三：違背頤養之道，要堅守正道以防兇險。十年都不可能有作為，沒有什麼好處。

《小象傳》說：「十年都不可能有作為」，是因為「六三」與頤養的正道大相徑庭。

【解說】

中間互坤為偶數，為十，故有「十年」之象。「六三」以陰爻居陽位，不中不正，而且在下卦「震」動之極，與「上九」相應，象徵貪婪之輩，為達到求養目的，不擇手段。由於其養的手段不正當，養的目的即或正當，也會兇險，以致十年得不到供養，沒有任何利益。

【智慧點津】此爻揭示求養必須採取正當的手段。

【案例解讀】某中學教師違規收取巨額補課費被舉報。據中國經濟網 2020 年 10 月 11 日載：近日，一篇題為「關於舉報山西大學附屬中學高中部英語教師李某某（現為太原市知達常青藤中學任高二班主任）收取巨額有償補課費」的網絡文章受到網民關注。10 日晚，校方回應稱，涉事教師已停職停課，並依據相關規定將嚴肅處理。舉報文章稱，某學生家長 2019 年 9 月至 2020 年高考向李某某支付「一對一補課費 8 萬元」，李某某還「租賃民宅進行有償補課，且補課費用巨大，一個暑假每人 2 萬至 3 萬元不等，收取家長養生卡及其他物質禮物」。「君子愛財，取之有道。」「拂頤，貞凶。十年勿用，无攸利。」由此可見一斑。

27.7

六四：顛頤，吉。虎視眈眈〔1〕，其欲逐逐〔2〕，无咎。

《象》曰：「顛頤之吉」，上施光也。

【注釋】

〔1〕眈眈：目不轉睛地注視。

〔2〕逐逐：迫切。

【譯文】

六四：顛倒向下屬求養，吉祥。就像老虎撲食那樣，威猛地注視著「初九」，欲望迫切，沒有什麼災禍。

《小象傳》說：「顛倒向下屬求養，吉祥」，這是說「六四」居上而能下施光明恩德。

【解說】

若「六四」發生爻變，則上卦變為離卦，離為目。上卦為艮，艮為山，為停止，引申為專注。山裏有虎，合而觀之，故有「虎視眈眈」之象。「六四」以陰爻居於陰位，資質柔弱，雖然在上卦處於養人的地位，卻連自己也不能養，只好顛倒向下求養於「初九」。由於它違背、顛倒了以上養下的頤養正道，所以說「顛頤」。然而「六四」畢竟當位得正，和「初九」兩者陰陽正應，它能夠以貴下賤，求取「初九」賢士，共同經世濟民，所以說「吉」。「六四」當位居於艮止，象徵它所求在道，以德自養。「六四」如猛虎逐食一樣，主動地向「初九」求賢自輔，自養其德，施惠於大眾，故說「无咎」「上施光也」。

【智慧點津】 此爻揭示頤養應求賢自輔，樂於向善。

【案例解讀】 <u>梅蘭芳拜普通人為師</u>。梅蘭芳是我國著名的京劇大師，善於虛心求教，不僅拜名畫家齊白石為師，還拜普通人為師。有一次，他在演出京劇《殺惜》時，在眾多喝彩叫好聲中，無意中聽到有個老年觀眾說「不好」。他來不及卸妝更衣就用專車把這位老人接到家中，恭恭敬敬地對老人說：「說我不好的人，是我的老師。先生說我不好，必有高見，定請賜教，學生決心亡羊補牢。」老人指出：「閻惜姣上樓和下樓的臺步，按梨園規定，應是上七下八，博士為何八上八下？」梅蘭芳恍然大悟，連聲稱謝。以後，梅蘭芳經常請這位老先生觀看他演戲，請他指正，稱他為「老師」。

27.8

六五：拂經〔1〕，居貞吉，不可涉大川。

《象》曰：「居貞之吉」，順以從上也〔2〕。

【注釋】

〔1〕拂經：違背常理。

〔2〕上：指居於上位的「上九」。

【譯文】

六五：違背頤養常理，但安居守正可獲吉祥，不能夠渡過艱難險阻。

《小象傳》說：「安居守正的吉祥」，說明「六五」順從了「上九」賢者。

【解說】

上艮為止，上交互卦為坤，坤為河流，故有「居貞」和「涉川」之象。「六五」以柔爻居尊位不正，陰虛無實，既不能自養，又不能養天下，只好求助於陽剛的「上九」；這樣做，違反常理。不過，「六五」有柔順之德，又處於上卦艮體之中，能夠安居守中，以陰承陽，順從於賢能的「上九」，必然吉祥；「六五」陽剛不足，尚未能兼養天下，故「不可涉大川」。

【智慧點津】此爻揭示君主應借力安世濟民，守正安居。

【案例解讀】漢昭帝依賴霍光輔政。西漢中期，漢武帝窮兵黷武，導致民不聊生。漢昭帝繼位之時年僅8歲，遵照武帝遺詔，由大將軍霍光輔佐，「政事一決於光」。他在統治時期，聽從霍光的建議，勤於政務，把國家大事管理得井井有條。在經濟上，實行休養生息政策，減輕了農民的負擔。在政治上，處理了上官桀、桑弘羊和燕王劉旦等人的叛亂，維護了國家的穩定。在民族關係上，緩和了與匈奴的關係，讓百姓過上了安穩日子，這都為後世「昭宣中興」奠定了堅實的基礎。

27.9

上九：由頤〔1〕，厲吉〔2〕，利涉大川。

《象》曰：「由頤，厲吉」，大有慶也。

【注釋】

〔1〕由：順從，依靠。

〔2〕厲：危險。

【譯文】

上九：天下百姓都依靠他獲得頤養，謹慎防危可獲吉祥，有利於渡過艱難險阻。

《小象傳》說：「天下百姓都依靠他獲得頤養，謹慎防危可獲吉祥」，是說君子大獲福慶。

【解說】

中間互坤為大眾，為百姓；下面「四陰」民眾依賴「上九」供養，故說「由頤」。「上九」處於頤卦之終，陽實已足，既養己又養人，既養體又養德，最得頤養之正道，是頤道大成的象徵。其身負救世濟國重責，難免功高震主，需要謹慎防危，故戒「厲吉」。又「坤」古作巛，通「川」，陽爻遇見陰爻則通，可濟民生之艱難，所以說「利涉大川」，大獲福慶。

【智慧點津】此爻揭示供養天下應戒懼謹慎。

【案例解讀】陶行知：中國平民教育的「拓荒者」。陶行知是我國現當代著名教育家、思想家、偉大的民主主義戰士。留美回國後，他致力於平民和鄉村教育，決意要靠自身的力量去改變農村的教育面貌，希望萬千貧民有可能去接受教育。為此，他創辦了曉莊師範和育才學校。其間，他雖然自己的生活艱苦，但他經常要為募集資金四處奔波；雖然時常受到國民黨反動派的威脅，但他始終臨危不懼。一方面，尋找新的育才學校地址，一方面為反獨裁、爭民主，反內戰、爭和平奔走吶喊。他以「捧著一顆心來，不帶半根草去」的赤子之心，與勞苦大眾休戚與共，為人民教育事業，為我國的民族解放和民主鬥爭事業鞠躬盡瘁，奮鬥終生，作出了不可磨滅的貢獻，實乃「由頤，厲吉，大有慶也」。

28. 大過卦第二十八──非常手段

導讀：「蓋世必有非常之人，然後有非常之事；有非常之事，然後有非常之功。」作為教育工作者，要勇敢面對不利環境，堅持職業操守，義無反顧，癡心不改。

卦體下巽上兌。兌為澤，巽為木，有水淹沒木之象。卦形四個陽爻二個陰爻，陽大陰小，陽過度旺盛，是大的過度的形象。全卦有如房屋的脊樑，棟樑中間強壯，兩端柔弱，棟樑不堪屋頂的重壓，以致中央向下彎曲，所以又有大廈將傾之象。「大」，陽也，《周易》以陽為大，陰為小；「過」，度也，經由。「大過」，即陽之過，指大為超越常態，意味著發生了重大事故。本卦闡釋在陽剛大過的非常時期，應採取非常手段。

28.1

大過：棟橈〔1〕，利有攸〔2〕往，亨。

【注釋】

〔1〕棟：屋正中最高的橫樑。橈：彎曲。

〔2〕攸：所。

【譯文】

《大過》卦象徵極為過分：房屋的棟樑受重壓而彎曲；利於前去行事，亨通。

【解說】

全卦中央四個陽爻，上下二個陰爻，中間強盛而上下柔弱，有如房屋的脊樑，中強而本末弱，因此彎曲，所以說「棟橈」。陽爻為實，為陽剛，能夠肩負重任，故可堪稱「棟」；陰爻為虛，為柔弱，這裡可比擬為無法負荷的初、

上，本末兩爻，故說「橈」。本卦下卦「巽」是順，上卦「兌」是悅，卦中的「九二」和「九五」君子，既能陽剛得中用事，又能柔順喜悅待人：因而，在「大過」之時，能夠特立獨行，力挽狂瀾，前行有利而且亨通。

28.2

《彖》曰：大過，大者過也。「棟橈」，本末弱[1]也。剛過而中[2]，巽而說[3]行。「利有攸往」，乃「亨」。大過之時大矣哉！

【注釋】

〔1〕本末弱：指「初六」和「上六」都是陰爻，故稱「弱」。

〔2〕剛過而中：剛，指陽爻，本卦有四個陽爻，超過兩個陰爻，「九二」和「九五」分別居於上下卦的中位，故稱「剛過而中」。

〔3〕巽而說：大過卦下卦為巽，巽為謙遜，「巽」通「遜」；上卦為兌，兌為說，「說」通「悅」，故言「巽而說」。

【譯文】

《彖傳》說：大過，指陽剛太過分了。「棟樑彎曲」，是因為其頭尾兩端柔弱。四個陽爻超過二個陰爻，而「九五」和「九二」都分居上下卦的中位，謹守中道，謙遜而和悅地辦事。「有利於前往」，獲得「亨通」。大過卦所蘊含的時勢意義真是太偉大了！

28.3

《象》曰：澤滅木，大過。君子以獨立不懼，遯世無悶[1]。

【注釋】

〔1〕遯世：避世隱居。

【譯文】

《大象傳》說：澤水淹沒了樹木，象徵著非常過分。君子效法此象，超然獨行，無所畏懼，隱身避世也不煩悶。

【解說】

澤水本應是滋養樹木，讓其茁壯成長，但是如今它竟然淹沒了樹木，有滅頂之災、大過之象。教育工作者從中得到啟示，在學生遇到重大危險或災難來臨時，應挺身而出，勇於擔當。

28.4

初六：藉用白茅〔1〕，无咎。

《象》曰：「藉用白茅」，柔在下也。

【注釋】

〔1〕藉：鋪墊。白茅：草名，柔軟潔白。古時祭祀時，將祭品鋪上潔白的茅草，表示潔淨和恭敬。

【譯文】

初六：恭敬地用白茅墊著祭品，沒有災禍。

《小象傳》說：「恭敬地用白茅墊著祭品」，是因為「初六」柔順而居於陽爻之下。

【解說】

下巽為草木，故稱「茅」。「初六」居下並以柔弱上承「九二」陽剛，所以有「藉用白茅」之象。「初六」以陰爻居於陽位失正，位卑力弱，不能有所作為。在陽剛盛大的「大過」之初，它只有處「巽」知順，極端柔順，戒懼謹慎，才能避免咎害，確保萬無一失。

【智慧點津】此爻揭示處於非常時期，要特別謹慎才可以避禍免災。

【案例解讀】龔建群：從負債大學生到餐飲大亨。據青年創業網 2009 年 9 月 6 日一篇題為《22 歲創業血本無歸，他從負債大學生到餐飲大亨》的文章所述：龔建群是湖南「旺府」創始人，從大三起就向親朋好友借來四十萬鉅款開起了地板廠，開始血本無歸。幾年後，經過充分市場調查和選址，他在長沙開了一家「辣得香」家常菜館，這便是如今「旺府」餐飲的前身。他說：「選址的時候，我特意安排一個人在那蹲點了兩天，記錄有多少個人進來，甚至精確到旁邊餐館煲仔飯賣了多少份。得到這些數據後才放心，才敢盤下店子。」現在，他已還清了一切債務，並且在湖南開設多家分店，聲名鵲起。

28.5

九二：枯楊生稊（tí）〔1〕，老夫得其女妻〔2〕，无不利。

《象》曰：「老夫女妻」，過以相與〔3〕也。

【注釋】

〔1〕稊：新生的枝芽，這裡喻指「初六」。

〔2〕女妻：年輕的妻子。

〔3〕相與：相配。

【譯文】

九二：枯萎的楊樹長出新芽，老年男子娶了位年輕的妻子，沒有什麼不利。

《小象傳》說：「老年男子娶了位年輕的妻子」，說明雖然陽剛過度，卻仍能與陰柔結合。

【解說】

巽為木，故說「枯楊」，這裡比喻陽剛的「九二」；陰柔過於幼弱，所以用嫩枝、幼妻來比喻「初六」。下交互卦為乾，乾為陽剛，為夫，「九二」和「初六」兩爻比鄰，所以有「老夫得其女妻」之象。「九二」以陽爻居陰位，處於剛過之始，和上面的「九五」陽爻敵應，而與下面的「初六」陰爻親近，可以借助其陰柔來彌補自身陽剛過盛之弊，就像枯木逢春，能夠成就生育之功；所以，沒有什麼不利。

【智慧點津】此爻揭示在非常時期，應以柔濟剛。

【案例解讀】廣西大力引進年輕教師到鄉村任教。據《新京報》2019 年 8 月 19 日報導：在我國，鄉村教師緊缺、老齡化嚴重是個嚴峻的問題。據廣西教育廳統計，截至 2018 年，全區共計培養全科師範生 1.46 萬名（含在校生），91 個縣（市、區）累計補充特崗教師 6.85 萬名。此外，近三年來，廣西每年通過傳統教師公招渠道招聘的 1.3 萬至 1.5 萬名教師中，有一半被輸送到了鄉村。這些年輕老師給學校輸入了「新鮮血液」，帶來了無限的生機和活力，實乃「枯楊生稊」。

28.6

九三：棟橈〔1〕，凶。

《象》曰：「棟橈之凶」，不可以有輔也〔2〕。

【注釋】

〔1〕棟：房頂中央的棟樑。

〔2〕輔：幫助，這裡指支撐。

【譯文】

九三：棟樑向下彎曲，有兇險。

《小象傳》說：「棟樑向下彎曲，有兇險」，是因為「九三」陽剛極盛，不能對其輔助。

【解說】

下卦為巽，巽為木，代表棟樑。若「九三」發生爻變，則下卦變為坎卦，坎為險陷，為弓輪，引申為棟樑往下彎曲或者凹陷，故有「棟橈」之象。「九三」「九四」兩爻在卦的中央，如同「棟樑」。「九三」以陽爻居陽位，過剛不中，就像棟樑下彎，產生塌陷之患。它雖與「上六」相應，但上有「九四」和「九五」兩個陽爻阻隔，且其剛愎自用，所以「上六」雖然有心輔助，卻也無濟於事，因而兇險。

【智慧點津】此爻揭示非常時期，過度剛強自負有凶。

【案例解讀】保研女疫情期間擅自出校被處分。據觀察者網 2020 年 11 月 6 日載：10 月 30 日，河南農業大學發布通報批評稱，學生劉某因未請假擅自離校出省，「在未按要求做核酸檢測的情況下私自返校，給室友造成極大的健康隱患」，根據該校防控管理規定，給予該學生通報批評處分，取消其畢業前所有評優評先及組織發展資格。這就是「棟橈之凶，不可以有輔」的明證。

28.7

九四：棟隆〔1〕，吉。有它〔2〕，吝。

《象》曰：「棟隆之吉」，不橈乎下也。

【注釋】

〔1〕隆：向上隆起。

〔2〕它：指意外情況。

【譯文】

九四：棟樑向上隆起，吉祥。假如有意外變故，還是會有麻煩。

《小象傳》說：「棟樑向上隆起吉祥」，是由於「九四」本身能使棟樑不再向下彎曲。

【解說】

「九四」以陽爻居陰位，能夠剛柔調節，就像使棟樑高高隆起，能承載重荷，可獲吉祥。此時，如果它再追求與「初六」陰爻相應，就會使自身打破陰陽平衡，變成過於柔和，滋生牽連之患。因而，「九四」遠離「初六」負累，便可平安無事。

【智慧點津】此爻揭示在非常時期，需要自立自強，排除不良干擾。

【案例解讀】黃玉婷戰「新冠」，堅持上網課。據中國網 2020 年 3 月 16 日報導：黃玉婷是武漢市某中學高三學生，確認感染新冠肺炎後，在方艙醫院隔離治療的時候，她仍然堅持上網課。「與病魔作鬥爭，也是蛻變成長的機會。困難是暫時的，我相信我能贏！面對高考，我也要全力以赴！」這份自信充分彰顯了「棟隆，吉。有它，吝」的道理。

28.8

九五：枯楊生華〔1〕，老婦得其士夫〔2〕，无咎無譽。

《象》曰：「枯楊生華」，何可久也？「老婦士夫」，亦可醜也。

【注釋】

〔1〕華：花。

〔2〕老婦：「上六」。士夫：年輕的「九五」丈夫，「士夫」與「九二」的「老夫」
　　　相對。

【譯文】

　　九五：枯萎的楊樹盛開鮮豔的花朵，老婦嫁給了年輕的丈夫，沒有災禍，
也不值得稱讚。

　　《小象傳》說：「枯萎的楊樹盛開鮮豔的花朵」，怎麼能夠長久呢？「老
婦嫁給了年輕的丈夫」，這種婚配是讓人羞愧的。

【解說】

　　陽和楊諧音，陽爻為丈夫，陰爻為婦女、為花朵，「九五」和「上六」比
鄰，故有「枯楊生華，老婦得其士夫」之象。「九五」以陽爻居陽位，陽剛過
盛，和「九二」敵應，不得以而與上方的「上六」親近。但「上六」身處大過
卦終極，以陰爻居陰位，如同已到垂暮之年的衰老婦人，兩者結合，只能獲
得暫時的功效，就像枯萎的楊樹開花，只會曇花一現，凋落而無結果。

【智慧點津】此爻揭示在非常時期，採取非常手段，正當才能長久。

【案例解讀】七旬老太姚某以集資建校名義非法募集 5 億餘元。據中國長安
網 2018 年 8 月 31 日報導：8 月 29 日，西安市中級人民法院就西安物業管理
專修學院非法集資建校一案進行審判。經查，2008 年 8 月至 2016 年 9 月，
以校長姚某為首的團隊，借集資建校的名義，通過各種手段，向社會公眾承
諾高額利息，非法募集資金 5.14 萬餘元，被害群眾達 8809 名。「枯楊生華，
何可久也？」「多行不義必自斃」，等待他們的將是法律的嚴懲。

28.9

　　上六：過涉滅頂〔1〕，凶，无咎。
　　《象》曰：「過涉」之「凶」，不可咎也。

【注釋】

〔1〕滅頂：水淹沒頭頂。

【譯文】

上六：過河時水淹沒頭頂，有凶險，但沒有災禍。

《小象傳》說：「過河而有凶險」，說明知不可為而為，沒有災禍。

【解說】

按照周易體例，上爻身體取象一般為首（頭）；又上卦為兌卦，兌為澤，上爻互卦為乾，乾為首，「上六」居「兌」澤和乾卦之上，故有「過涉滅頂」之象。「上六」還以柔爻居於陰位，質柔才弱，又乘凌四陽之上，終不得過而有禍。大過卦是非常之時，「上六」肩負解危之重責，縱然前有萬丈深淵，也不能苟且偷生，而應赴湯蹈火，捨生取義，即使失敗了，也不該責怪。正如朱熹在《周易本義》中說：「處過極之地，才弱不足以濟，然於義為『不咎』矣。蓋殺身成仁之事，故其象占如此。」

【智慧點津】此爻揭示在非常時期，應臨危不懼，採取非常手段。

【案例解讀】譚千秋以軀護生鑄師魂。2008 年 5 月 12 日汶川地震發生的一瞬間，四川省德陽市東汽中學教師譚千秋張開雙臂趴在課桌上，身下護著 4 個學生。4 個學生都獲救了，他卻不幸遇難。「生，亦我所欲也；義，亦我所欲也。二者不可得兼，捨生而取義者也。」他用自己寶貴的生命詮釋了愛與責任的師德靈魂。

29. 坎卦第二十九——化險為夷

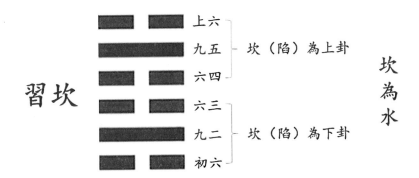

導讀：「人的生命似洪水奔流，不遇著島嶼和暗礁，難以激起美麗的浪花。」作為教育工作者，只有心懷誠信，堅強樂觀，才能劈波斬浪，一往無前。

卦體下坎上坎。坎為水、為險，兩坎相重，險阻重重之象。「坎」，本義指凹陷的土坑。《坎》又名《習坎》，卦義為陷坑，險難。本卦闡釋涉險之道。

29.1

習坎：有孚〔1〕，維〔2〕心，亨。行有尚〔3〕。

【注釋】

〔1〕孚：誠信。

〔2〕維：束縛，維繫。

〔3〕尚：讚揚。

【譯文】

《坎》卦象徵重重險陷：保持內心誠信，亨通。勇敢前行必然會得到人們的讚揚。

【解說】

「習」本指小鳥反覆試飛，有重複的含義。「習坎」，象徵重重艱難險阻。卦形上下皆坎，可見險陷之深；卦中一陽均陷在二陰中，陰虛陽實，象徵心中實在，有誠信。君子心懷誠信，熟習險難，才能自由出入於水而不致陷溺，成就濟險、出險之功，故說「行有尚」。

29.2

《彖》曰：「習坎」，重險也。水流而不盈〔1〕，行險而不失其信。「維心，亨」，乃以剛中也〔2〕。「行有尚」，往有功也。天險，不可升也；地險，山川丘陵也。王公設險以守其國。險之時用大矣哉！

【注釋】

〔1〕盈：盈滿。

〔2〕剛中：指「九二」和「九五」兩個陽爻分別處於上下卦的中位，故稱「剛中」。
　　　比喻一個人有剛健、中正之德。

【譯文】

《彖傳》說：「習坎」就是重重險陷。水流入陷坑而不盈滿，君子遇險卻不失誠信。「內心保持誠信，亨通」，因為「九二」和「九五」均以剛爻居於中位，具有剛健中正之德。「勇敢前行必然會得到人們的讚揚」，是說前往必可

建功。天險是指天高不能攀，地險是指高山大河和丘陵。王公貴族設置險要，是用來守衛他們的國家。險的因時而用的功效真是巨大啊！

29.3

《象》曰：水洊（jiàn）至〔1〕，習坎。君子以常德行，習教事〔2〕。

【注釋】

〔1〕洊：再，接連。

〔2〕習：從事。

【譯文】

《大象傳》說：水流相繼而至，象徵著重重的艱險。君子效法此象，恒久修行積德，並反覆從事教化育人的事業。

【解說】

上、下卦都為坎，坎為水，水流不斷，有重險之象。教育工作者從中得到啟示，應以社會主義核心價值觀為指導，以「學高為師，身正為範」為準則，認真鑽研教材、教法，潛心教書育人，為國家培養棟樑之才。

29.4

初六：習坎〔1〕，入於坎窞（dàn）〔2〕，凶。

《象》曰：「習坎入坎」，失道凶也。

【注釋】

〔1〕習坎：重坎，意思是坎坑之中又有坎坑。

〔2〕窞：小而深的穴。

【譯文】

初六：面臨重重險陷，落入到陷坑的深處，有兇險。

《小象傳》說：「落入重重險陷的深處」，是說「初六」丟失正道而遭遇兇險。

【解說】

「初六」以陰爻居於陽位柔弱失正，處於重坎之下，故有「入於坎窞」

之象。它不僅自身柔弱無力，而且上方沒有「六四」應援，加之疏遠「九二」，因而不能同舟共濟，所以兇險異常，難以出險。

【智慧點津】此爻揭示人們不可深陷於險中，以致不能自拔。

【案例解讀】<u>少年遇溺險身亡</u>。據佛山公共頻道報導：三水巡警中隊接到報案，說有小孩落水。隨後巡警迅速趕到現場，和街坊們一起進行救援。經過半個鐘的努力，終於將溺水者成功救上了岸。此時他沒有生命體徵，民警沒有放棄，對溺水者實施按壓、心肺復甦等急救措施，十分鐘後，奇蹟出現了，這個人有了呼吸。據瞭解，溺水者是一位15歲的少年，當時他和幾個朋友相約到江邊玩耍，不慎跌落江中，原本就不懂水性的他被水流沖走，漸漸失去意識。這就是「習坎，入於坎窞，凶」的道理。

29.5

九二：坎有險〔1〕，求小得〔2〕。
《象》曰：「求小得」，未出中也。

【注釋】

〔1〕坎有險：指「九二」深陷上下兩坎之中。
〔2〕小得：小的收穫。

【譯文】

九二：在坑穴中遇有危險，可以先謀求小的收穫。
《小象傳》說：「先謀求小的收穫」，說明「九二」尚未走出險境。

【解說】

下交互卦為震，震為動，上交互卦為艮，艮為止，「九二」以陽爻居陰位失正，進退兩難，上下又被二陰爻包圍，無法脫險。但它畢竟陽剛得中，能夠奮發有為，踐行中道，逐步化解困難，積小勝成大勝。

【智慧點津】此爻揭示在險難中，應逐步設法脫險，勿操之過急。

【案例解讀】<u>山田本一馬拉松奪冠秘密</u>。山田本一是日本著名馬拉松運動員，曾在1984年和1987年的國際馬拉松比賽中兩次奪得世界冠軍。他在自傳中透

露了成功的秘密：每次比賽之前，我都要畫下沿途比較醒目的標誌。比賽開始後，我就以百米的速度奮力地向第一個目標衝去，到達第一個目標後，我又以同樣的速度向第二個目標衝去。40 多公里的賽程，被我分解成幾個小目標——「求小得」，跑起來就輕鬆多了。（《馬拉松運動員的故事——大目標需要分解成小目標》）

29.6

六三：來之坎坎〔1〕，險且枕〔2〕，入於坎窞，勿用。

《象》曰：「來之坎坎」，終無功也。

【注釋】

〔1〕坎坎：前後皆險，坑坎連著坑坎。

〔2〕枕：通「沈」，深。

【譯文】

六三：往來進退都處在重重陷坑之中，落入陷坑的深底，在這種情況下，不可輕舉妄動。

《小象傳》說：「往來進退都處在重重陷坑之中」，是說妄動終不能成功脫險。

【解說】

「六三」以陰爻居陽位，不正不中，而且處於上下兩個坎卦的中間，前後皆險，進退兩難。此時，如果貪功冒進，必定會越陷越深。

【智慧點津】此爻揭示處險不可妄動，應先求自保以待變。

【案例解讀】<u>石達開兵敗大渡河</u>。在「天京事變」後，石達開「畢其功於一役」，遠征雲南、貴州。在渡過金沙江，抵達大渡河岸時，軍隊急需砍樹造筏才能渡河。但一切準備停當的當晚，大渡河暴雨陡漲，無法渡船，軍隊被暴雨和漲水阻攔三日，因此被清廷追兵趕上，同時清軍已調兵遣將，在大渡河沿岸作好了周密的布控。石達開軍隊孤軍深入，人困馬乏，圍困數月後，最終糧草斷絕，全軍覆沒，其遭遇正如「來之坎坎，終無功也」。

29.7

六四：樽（zūn）酒，簋（guǐ）貳〔1〕，用缶，納約自牖（yǒu）〔2〕，終无咎。

《象》曰：「樽酒，簋貳」，剛柔際也〔3〕。

【注釋】

〔1〕樽：盛酒的器皿。簋：古代盛黍稷的竹盤。

〔2〕缶：樸素的瓦器。納：送進。約：簡單。牖：窗戶，引申為開通。

〔3〕剛柔際：「六四」和「九五」兩者相交、接連。

【譯文】

六四：一樽薄酒，兩盤淡食，用瓦器盛著，從窗戶遞送這些簡單的東西，最終沒有災禍。

《小象傳》說：「一樽薄酒，兩盤淡食」，是說在艱險之時，「六四」和「九五」能夠坦誠交往，剛柔相濟。

【解說】

下交互卦為震，震為木，為竹。上坎為水，故有「樽酒簋」之象。又「九二」「六三」「六四」「九五」四個爻形成一個放大的離卦，離中空虛，所以又有「缶」和「牖」之象。「六四」陰柔無力，下和「初六」無應無援，又處上下兩「坎」險之中，屬於近君之臣而無濟天下之險之才，乃為臣處險之道。但它以陰爻居陰位柔順得正，能以虔誠和柔順上承「九五」中正之君，獲得它的保護。本來君臣之間的分際，非常嚴格，但在險難之時，「六四」忠臣可以將簡單的食物遞給君王，省去一切繁文縟節；只要開載布公，君臣和衷共濟，就會共同脫離險境。

【智慧點津】此爻揭示脫險應誠信求援，擺脫常規。

【案例解讀】螞蟻和大象的故事。有一部動畫片叫《螞蟻和大象》，全是講動物遇險和求助外援的故事。螞蟻不小心，站在水中央的葉子上靠不了岸，誰也不願救他。只有大象用長鼻子把螞蟻救上了岸。螞蟻說：大象先生，如果你今後遇到了麻煩，我也會來救你的。大象哈哈大笑：你那麼小，怎麼能救

我呢？沒有想到，後來大象掉進了陷阱，怎麼都爬不上來。他悲傷地大叫求援，森林裏的動物都不肯救援。螞蟻知道了，一夜之間調動了千千萬萬的螞蟻，把陷阱的邊緣弄成了一個斜坡。大象高高興興地走了出來。

29.8

九五：坎不盈，祗（chí）既平〔1〕，无咎。

《象》曰：「坎不盈」，中未大也。

【注釋】

〔1〕祗：借為「坻」，小丘。

【譯文】

九五：坑裏的水還未滿溢，小丘已經鏟平，沒有災禍。

《小象傳》說：「坑裏的水還未滿溢」，說明「九五」中正之道尚未光大。

【解說】

「九五」在上卦「坎」的中央，水還在流入，沒有滿出，險難將盡，陷坑尚未完全填滿，所以爻辭說「坎不盈」。但「九五」陽剛居尊位，肩負拯救天下艱難的責任，只要其繼續發揚中正之道，那麼積蓄危險的小丘將被鏟平，流入坎中的水，不久齊平即可溢出，險情解除，所以沒有災害。

【智慧點津】此爻揭示脫險應堅守中正，抓住最有利的時機。

【案例解讀】<u>大四男生機智逃出傳銷虎穴</u>。據環球網 2019 年 1 月 7 日報導：2018 年 12 月 22 日 19 時 10 分，宜春學院派出所通過微信溝通，迅速解救了該校一名被陷傳銷的大四學生李某。而在此幾天前，他被同學騙至武漢市江夏區，在發現被騙入傳銷組織後，他開始想辦法自救。22 日 17 時許，趁公司開會的時機，李某找到機會向同學發送微信位置，並請求同學幫助其報警。同學收到信息後，立即向老師反映，學院學工科科長龍老師迅速向學院派出所報警求助。接警後，學院派出所民警立即與武漢警方取得聯繫，迅速成功解救李某，隨後，李某在警方的保護下安全踏上了開往宜春的火車。該學生正是因為能秉持陽剛中正之德，因此「坎不盈」而「祗既平」，讓其逃出虎穴。

29.9

上六：係用徽纆（huī mò）〔1〕，寘於叢棘〔2〕，三歲不得〔3〕，凶。
《象》曰：「上六」失道，凶「三歲」也。

【注釋】

〔1〕繫：捆綁。徽纆：繩索，兩股為纆，三股為徽。

〔2〕寘：即「置」，放置，此處指囚禁。叢棘：監獄，周代監獄四周牆上遍插荊棘。

〔3〕三歲：泛指多年。

【譯文】

上六：用繩索重重地捆綁住，投進監獄，多年不能解脫，異常兇險。

《小象傳》說：「上六」違背了處險的正道，所以兇險「將持續多年」。

【解說】

上卦為坎，坎為險陷，引申為監獄、荊棘。若「上六」發生爻變，則上卦變為巽卦，巽為繩子，故有「繫」和「叢棘」之象。「上六」以陰爻居陰位，柔弱無力，又處在坎陷之極，乘凌於「九五」陽剛之上，有失德「失道」之象，因而無力自拔，異常兇險，就像用繩索重重束縛，放置在荊棘叢中，多年都不能走出。

【智慧點津】此爻揭示陷險勿輕舉妄動，否則愈陷愈深，無法自拔。

【案例解讀】一高校學生身陷「校園貸」泥潭。據湖南經視頻道 2017 年 1 月 17 日報導：長沙某高校學生小羅為了實現自己寒假旅行的計劃，一個多月前就通過「校園貸」網絡平臺，提前借了六千元錢的旅行資金，可從此卻落入了還債的夢魘！他借的 6 千塊錢，短短一個月連本帶利竟然變成了近十萬！對此，有關教育專家和民警表示，大學生一定要樹立正確的消費觀，不要過度愛慕虛榮、貪圖便宜。同時，要認清自己的購買力和償還能力，理智選擇正規的途徑貸款。否則很容易深陷「係用徽纆，寘於叢棘」的境地。

30. 離卦第三十——善於依附

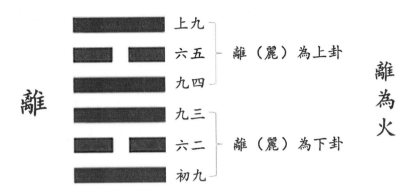

導讀：「教師應當像全世界的太陽，站在高處，從哪裏他都能同時對所有的人普照教學的光芒，而且同時能發出同樣的光，均勻的照亮每一個人。」作為教育工作者，只有立足三尺講臺，求真求善求美，才能贏得學生的擁戴，成為他們的指路明燈。

卦體下離上離。離為火、為日、為明，有大光明之象。卦形是中間的一個陰爻，附著於上下的兩個陽爻，如同火內虛外實，必定附著在燃燒的物體上。「離」，本義指鳥兒被網罩住，引申為不可脫開、依附之義。本卦闡釋依附之道。

30.1

離：利貞，亨。畜牝牛〔1〕，吉。

【注釋】

〔1〕畜：畜養。牝牛：母牛。

【譯文】

《離》卦象徵依附：有利於堅守正道，這樣必然亨通。畜養柔順的母牛，可以獲得吉祥。

【解說】

「一個籬笆三個椿，一個好漢三個幫。」天地間的物體，必定附著在某種物體上，才得以存在；但附著的對象，必須正當，同時要有如母牛般柔順的德性才能吉祥。

30.2

《彖》曰：離，麗也。日月麗乎天，百穀草木麗乎土。重明以麗乎正〔1〕，乃化成天下。柔麗乎中正〔2〕，故「亨」，是以「畜牝牛吉」也〔3〕。

【注釋】

〔1〕重明：離卦下離上離，離為火，為日，為明，故為「重明」。

〔2〕柔麗乎中正：離卦的上下兩卦的中位都是陰柔，「六二」和「六五」都是柔爻且居中位。

〔3〕畜牝牛吉：「六二」和「六五」均為陰柔。柔順代表中的特性，也代表雌性，故「畜牝牛吉」。

【譯文】

《彖傳》說：離是附麗、依附的意思。太陽月亮高懸天空照耀大地，百穀草木依附大地而生長。君子以持續不斷地光明而依附於正道，於是教化成就天下。「六二」在下卦居中且正，柔順而能依附於中正，所以「亨通」，因此說「畜養柔順的母牛，吉祥」。

30.3

《象》曰：明兩作〔1〕，離。大人以繼明照於四方。

【注釋】

〔1〕明：太陽。作：興起。

【譯文】

《大象傳》說：太陽接連不斷地升起，高懸天空，象徵著「依附」。偉大的人物效法此象，應以連續不斷的光明照耀四方。

【解說】

太陽懸掛高空，照徹萬物，有依附之象。教育工作者從中得到啟示，自身應「燃燒自己，照亮別人」，「春蠶到死絲方盡，蠟炬成灰淚始乾」。

30.4

初九：履錯然〔1〕，敬之，无咎。

《象》曰：「履錯之敬」，以辟咎也〔2〕。

【注釋】

〔1〕履：鞋子，這裡引申為腳步。錯然：雜亂無章。

〔2〕辟：通「避」。

【譯文】

初九：步履錯亂無序，恭敬謹慎地對待，不會有災禍。

《小象傳》說：「步履錯亂無序，恭敬謹慎地對待」，這樣是為了避免災禍。

【解說】

按易例取象，初爻處全卦最下，在身體為足，故說「履」。「初九」以陽爻居陽位，陽剛好動，在依附之初，方向未定，橫衝直撞，導致腳步有些錯亂，可能陷入危險。因而只有謹慎行事，才能避免災難。

【智慧點津】此爻揭示依附應先慎擇對象，善始才能善終。

【案例解讀】張揚轉專業「一波三折」。據搜狐網 2017 年 6 月 4 日載：張揚是四川某高校英語專業的一名學生，當年高考錄取工作結束後，被調劑到英語專業。但那個「管理夢」一直活躍在他心頭。到了大二，他抓住轉專業的機會，果斷「跳」到土地資源管理專業。但很快發現，無機化學、高等數學等這些課程太難了，他根本「嚼不動」。考慮再三，他又轉回到英語專業。此番折騰下來，他多了十多門功課要補修。試想一下，如果他當初在轉專業前對自身、學校、新舊專業有一些細緻瞭解，「敬之」一點，不盲目跟風與輕率判斷，又怎會苦嘗今日之「一波三折」的咎害呢？

30.5

六二：黃離，元吉〔1〕。

《象》曰：「黃離，元吉」，得中道也〔2〕。

【注釋】

〔1〕元：大。

〔2〕得中道：「黃」是土色，土在五行的中央；所以黃色被稱為正中之色，象徵正中之道。

【譯文】

六二：附著在黃色上，大吉大利。

《小象傳》說：「附著在黃色上，大吉大利」，這是因為「六二」堅守中正之道。

【解說】

黃色為土地的顏色，土為中，「六二」在內卦的中位，因而附著於中色。「六二」又以陰爻居陰位當位得正，具備中正的德性，正如《彖傳》所言「柔麗乎中正」，所以非常吉祥。

【智慧點津】此爻揭示依附應遵循中正之道。

【案例解讀】嚴寅賢「用教育家的情懷做教育」。據《人民教育》2019 年 9 月 25 日刊載：嚴寅賢是北京市一零一中學原副校長、全國教育系統勞動模範、全國優秀教師。他自述自己一輩子視教書為本職，以育人為天職。對學生投入完全的耐心和責任心，悉心關注每一位學生的內心，守護他們的精神世界的成長與進步。正如他在其散文《杏壇讀書絮語》中所言：「讀書教書寫書，淡泊寧靜致遠；啟智鑄魂育人，吾輩永世無憾！」嚴寅賢潛心教書育人，業績斐然，正所謂「黃離，元吉」。

30.6

九三：日昃（zè）之離〔1〕，不鼓缶而歌，則大耋（dié）之嗟〔2〕，凶。

《象》曰：「日昃之離」，何可久也？

【注釋】

〔1〕昃：日偏西。離：明，這裡指依附。

〔2〕耋：七八十歲的老人。

【譯文】

九三：夕陽西垂掛在天邊，不敲擊瓦缶高歌，否則將空有年老的嗟歎，有兇險。

《小象傳》說：「夕陽西垂掛在天邊」，此景怎麼可以長久呢？

【解說】

離為日，代表太陽。在下離卦三個爻中，「初九」代表早上，「六二」代表中午，「九三」代表黃昏，「九三」處下卦離體之終，前明將盡之時，故有「日昃」之象。若「九三」發生爻變，則下卦變為震，震為動，為鳴，為木，似缶。下交互卦變為艮卦，艮為手。上交互卦為兌，兌為口，所以又有「鼓缶而歌」和「嗟」之象。「九三」陽爻過剛失中，其處於日薄西山之際，難以長久「附麗」於物，此時，只有認清大自然盛衰規律，及時退休，頤養天年，才是明智之舉。「安時而處順，哀樂不能入」，這時，我們只有樂觀處世，才能避免悲傷嗟歎之凶。

【智慧點津】此爻揭示依附應順其自然，樂天知命。

【案例解讀】退休十年特級教師感悟。據搜狐網 2018 年 10 月 15 日載：「岩石」是一位在教育戰線上耕耘了多年的特級教師。他在其《退休十年的雜想》一文中，告誡我們該如何樹立科學、正確的生活觀、生存觀、價值觀，並用這些觀念實踐自己的生活和價值。如「首先把自己的事情管好，少給子女添麻煩也就是貢獻」，「自己經營好自己的豐富多彩、舒心安逸的晚年生活」，「不以物喜，不以己悲」，我們每個人的心境只有不隨外在環境而起伏不定，才是安身立命的正道。

30.7

九四：突如其來如〔1〕，焚如，死如，棄如。
《象》曰：「突如其來如」，無所容也。

【注釋】

〔1〕如：語尾助詞，⋯⋯的樣子。

【譯文】

九四：突然間發出一片光芒，如烈火焚燒，一瞬間又煙消滅亡，捨棄淨盡。

《小象傳》說：「突然間發出一片光芒」，說明難以長容於天地。

【解說】

若「九四」發生爻變，則上交互卦變為震卦，震為雷，電閃雷鳴具有突發性。上卦為離，離為火。上交互卦為兌，兌為毀折，故有爻辭諸象。「九四」處於上下兩「離」（太陽）的交接處，有烈焰焚燒之象。他身居重臣之位，急欲以自己的陽剛，突然向上進逼「六五」之君，如火焰之燎人，有強賓逼主之勢，這必然引起君王的猜忌和防範。然而，「九四」以陽爻居陰位，不中不正，他的這種錯誤行為違反了離卦光明附麗以正的原則，眾叛親離，必然會落得「死如，棄如」的悲慘結局。

【智慧點津】此爻揭示依附不可張狂逼主，否則必有危險。

【案例解讀】9‧14江西學生殺害老師案。據網載，2013 年 9 月 14 日 11 點 20 分左右，江西省撫州市臨川某中學高三班主任孫某正在辦公室如常備課，不料學生雷某衝進來。在孫某毫無防備的情況下，雷某用尖刀割破了他的喉嚨，隨後逃之夭夭。孫某摀住了脖子，可血依然在不斷流出來，在救護車抵達前便已沒了呼吸。據相關部門通報，學生雷某因不滿班主任孫某的嚴格管理而動殺念。雷某「突如其來如，無所容也」，等待他的將是法律的嚴懲。

30.8

六五：出涕沱若〔1〕，戚嗟若〔2〕，吉。

《象》曰：「六五」之「吉」，離王公也〔3〕。

【注釋】

〔1〕涕：眼淚，鼻涕。沱若：淚多的樣子。

〔2〕戚：憂傷。

〔3〕離：通「麗」，附麗，依附。

【譯文】

六五：淚水滂沱不停地流，悲傷歎息，吉祥。

《小象傳》說：「六五」的「吉祥」，是因為他依附於王公之位。

【解說】

上卦為離，離為目；上交互卦為兌，兌為口，為澤，目下出水，故有「涕沱」和「戚嗟」之象。「六五」以柔爻居君位，被「九四」強臣所逼，以致憂傷哀泣。然而，「六五」畢竟身居尊位，且居上體離卦之中，具備明智處理政務的能力。他雖然處境危險，但能時刻戒懼，所以能化險為夷，最終獲吉。

【智慧點津】此爻揭示依附於尊位，憂懼可以趨吉避凶。

【案例解讀】<u>杜長明：教師當常懷敬畏之心</u>。據中國教育新聞網 2017 年 5 月 10 日報導：杜長明是重慶市清華中學教務處主任，特級教師。他認為當教師一定要常懷敬畏之心。教師必須對學生的可持續發展心存敬畏，必須對學生這個鮮活的生命體心存敬畏，必須對非教育現象保持高度警惕。總之，教育的敬畏則是對真理的敬畏，對生命的敬畏，對自然的敬畏。「多年以後繁華落幕，我還在為你守候」，正是心懷一顆敬畏之心，讓他在教育的沃土裏不斷生根、發芽，長成參天大樹。

30.9

上九：王用出征，有嘉折首，獲匪其醜〔1〕，无咎。

《象》曰：「王用出征」，以正邦也。「獲匪其醜」，大有功也。

【注釋】

〔1〕匪：不，非。醜：類，隨從。

【譯文】

上九：君王任用他出兵征討，有豐功偉績，斬殺敵方首領，俘虜其下屬，沒有災禍。

《小象傳》說：「君王任用他出兵征討」，是為了端正邦國，「俘虜其下屬」，大有功勞。

【解說】

若「上九」發生爻變，則上卦變為震卦，震為足，為動，故有「出征」之象。上卦為離，離為甲冑，為兵戈。上爻互卦為兌，兌為毀折，故又有「折首」之象。「上九」處「離」明之極，是「六五」之君所信賴和依附的大臣，既能明察又有陽剛果斷的能力。因而，他可以委以重任，出師征討尚未順服的姦佞。不過，他斬殺的只是罪魁禍首，那些隨從則不必深究，所以沒有過錯。

【智慧點津】此爻揭示依附之道的最高運用在剷除魁首。

【案例解讀】<u>教師有償補課被通報</u>。據鳳凰網安徽綜合 2019 年 1 月 2 日報導：2018 年，該市教育局不斷加強有償補課治理工作，出臺了《銅陵市禁止在職中小學教師從事有償補課的規定》，各地各校認真貫徹落實，成效十分明顯。但仍有個別教師頂風違紀，對法律和規定置若罔聞。經查實，該市一中數學教師鞏某德、十五中語文教師潘某、十中英語教師王某兵三位教師分別在住宅樓地下室、家中、校外，組織學生有償補課。最後，該市教育局依據相關規定，對以上教師作出警告、清退違規所得財物、年度考核不合格、扣發年度獎勵性績效工資和一次性工作獎勵等處理。

31. 咸卦第三十一──無心之感

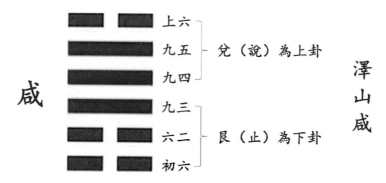

導讀：「教育就是一棵樹搖動另一棵樹，一朵雲推動另一朵雲。」作為教育工作者，只有虛懷若谷，以高尚的德行感化學生，他們才會「親其師，信其道」，實現教學相長。

卦體下艮上兌。兌為澤，艮為山，山上有澤，澤性下潤，而山體上承，虛懷容受，彼此感應；又兌為悅、為少女，艮為止，為少男，少男謙下篤實追求

少女，少女喜悅回應，有男女相感之象。「咸」，本義指全民皆兵，武裝禦敵，有全、都、皆之義；又通「感」，卦義為感應。「感」字去掉心，以象徵無心的感應，因為萬物皆有感應，只有無心之感，才是真情實感。本卦通過男女關係，闡釋無心感應的法則。

31.1

咸：亨，利貞。取〔1〕女吉。

【注釋】

〔1〕取：通「娶」，娶妻。

【譯文】

《咸》卦象徵感應：亨通，有利於堅守正道。娶妻可以獲得吉祥。

【解說】

本卦以上為《周易》「上經」，由這卦開始為《周易》「下經」。上經，以創造宇宙萬物的天地開始（主要論述天道）；下經，則以人倫發端的男女關係說起（主要論述人事）。「精誠所至，金石為開。」男女相互感應，進而愛慕，心心相印，因而亨通。但動機必須純正，既喜悅又適可而止，婚姻才會吉祥。

31.2

《彖》曰：咸，感也。柔上而剛下〔1〕，二氣感應以相與〔2〕。止而說〔3〕，男下女，是以「亨，利貞，取女吉」也。天地感而萬物化生，聖人感人心而天下和平。觀其所感，而天地萬物之情可見矣。

【注釋】

〔1〕柔上而剛下：指上卦兌為陰卦，為柔，下卦艮為陽卦，為剛。
〔2〕相與：相處。
〔3〕止而說：咸卦下卦為艮，為止，上卦為兌，為說，「說」通「悅」，為喜悅，故言「止而說」。

【譯文】

《彖傳》說：咸，指感應。溫柔少女在上，剛健少男處下，他們陰陽二氣交感而情投意合。篤實而喜悅，少男謙下追求少女，所以說「亨通，有利於堅

守正道。娶妻可以獲得吉祥」。天地陰陽二氣交感而萬物得以化育生長，聖人感化人心而天下太平。觀察這些交感的現象，天地萬物的情狀就可以知道了。

31.3

《象》曰：山上有澤，咸。君子以虛受人〔1〕。

【注釋】

〔1〕受：接受，容納。

【譯文】

《大象傳》說：山上有湖泊，山澤通氣，象徵著互相感應。君子效法此象，要虛懷無私、容納感化他人。

【解說】

山上有湖泊，水土相互滋潤，有彼此感應之象。教育工作者從中得到啟示，應虛心向書本、同事、學生及周圍的人學習，以提高自己的業務水平。

31.4

初六：咸其拇〔1〕。
《象》曰：「咸其拇」，志在外也。

【注釋】

〔1〕咸：感應。拇：趾。

【譯文】

初六：感應發生在大腳趾上。
《小象傳》說：「感應發生在大腳趾上」，說明「初六」心志有意向外追求。

【解說】

本卦六爻，都是以人體感應的部位來比喻，從下到上依次為「拇」「腓」「股」「心」「脢」「輔頰舌」。「拇」是指大腳趾。初爻為足，最初的感應，來自大腳趾。「初六」是咸卦最下一爻，所以取象於大腳趾。「初六」與外卦的「九四」相應，想去追求。雖然大腳趾已有感應，但仍然微弱，不足以使全身

移動，想前進不能前進，應當靜待發展，不可採取主動。

【智慧點津】此爻揭示感應尚淺，不要急於求成，應順其自然。

【案例解讀】<u>於永正：第一印象很重要</u>。已故江蘇省特級教師於永正曾說：「第一節課，如果開頭的一段話熱情洋溢；板書的第一個字讓學生為之讚歎；第一次朗讀讓學生為之感動；用豐富的表情和機靈的眼神吸引住學生；得體的幽默讓孩子笑起來；充滿愛意的一次撫摸讓學生感到親切；教學方法的變化讓學生感到有趣，那麼，你就成功了。如果這樣，而且今後也不懈怠，我敢說，你絕對成功了。」由此可見，教師的第一節課至關重要。「咸其拇，志在外也」，教師只有樹立好「第一印象」，以後的教學才會更加順暢和圓滿。

31.5

六二：咸其腓（féi）〔1〕，凶，居吉。
《象》曰：「雖凶，居吉」，順不害也。

【注釋】
〔1〕腓：小腿肚。

【譯文】
六二：感應發生在小腿肚上，有兇險，安居不動可獲得吉祥。
《小象傳》說：「雖然有兇險，安居不動可獲得吉祥」，說明「六二」順從事物發展趨勢，便可以避災遠禍。

【解說】
下爻互卦為巽，巽為股（大腿），腓為腿的一部分，故有「腓」之象。巽卦的卦德為順入，故言「順」；下卦為艮卦，艮為山，為止，故言「居」。「初六」是大腳趾，在上方的「六二」，就相當於腿肚。當人走動時，腿肚先動，腳才跟著動，這樣就會妄動有凶。幸而「六二」以陰爻居陰位，又在下卦的中位，雖然與「九五」相應，但由於它柔順中正，並不會妄動強求，因而得以安全。

【智慧點津】此爻揭示感應不可妄動強求，應安居待時。

【案例解讀】「<u>不憤不啟，不悱不發</u>」教學原則。「不憤不啟，不悱不發」是《論語・述而》中的名句，體現了啟發性的教學原則。其大意是：「不到學生努力想弄明白，但仍然想不透的程度時，先不要去開導他；不到學生心裏明白，卻又不能完善表達出來的程度時，也不要去啟發他。」我們老師只有領悟「居吉」之道，對學生善於啟發，相互感應，才能實現教學相長，達到「順不害」的教學效果。

31.6

九三：咸其股〔1〕，執其隨〔2〕，往吝。

《象》曰：「咸其股」，亦不處也。「志在隨人」，所執下也。

【注釋】

〔1〕股：大腿。

〔2〕執：執意。

【譯文】

九三：感應發生在大腿上，一味地跟隨著別人任意妄動，如此前往會受到羞辱。

《小象傳》說：「感應發生在大腿上」，說明不能安居不動。「心志在盲從泛隨他人」，是說「九三」執意追求得非常低下。

【解說】

下交互卦為巽，巽為股；巽為風，風吹草偃，表示整齊、順從，引申為跟隨，故言「股」和「隨」。下卦為艮卦，艮為山，為止，為手，故又言「執」和「處」。「九三」在相當於腿肚的「六二」的上方，相當於大腿。大腿自己不能走路，總是跟隨著下方的腳趾與腿肚行動，沒有主動能力。如果他跟隨「初六」「六二」陰柔的小人妄動，與「上六」相應，就會被羞辱。不過，「九三」以陽爻居陽位，處「艮」止之極，有主見；因而，它能夠靜候發展，而不妄動。

【智慧點津】此爻揭示感應應有主見，不可隨波逐流。

【案例解讀】<u>鍾芳蓉報考北大考古專業</u>。據《成都商報》2020 年 8 月 1 日載：湖南耒陽留守女孩鍾芳蓉，今年高考文科考出 676 分的優異成績，最終她決定報考北京大學考古專業。面對眾多質疑，她告知這是自己心儀的專業和愛好，與「錢途」和「冷門」無關。同時，她希望自己以後會繼續讀研，能夠走得更遠。「走自己的路，讓別人說去吧！」要不然，會「志在隨人，所執下也」。

31.7

九四：貞吉，悔亡。憧憧往來〔1〕，朋從爾思〔2〕。

《象》曰：「貞吉，悔亡」，未感害也。「憧憧往來」，未光大也。

【注釋】

〔1〕憧憧：心神不定的樣子。

〔2〕朋：和「九四」相應的「初六」。爾：你。

【譯文】

九四：堅守正道可獲吉祥，沒有悔恨。心神不定與朋友交往，朋友會理解你的想法。

《小象傳》說：「堅守正道可獲吉祥，沒有悔恨」，說明「九四」還沒有因感應不正而遭災。「心神不定地與朋友交往」，說明感應之道還沒有發揚光大。

【解說】

下交互卦為巽，巽為風，為進退；若「九四」發生爻變，則上卦變為坎卦，坎為心志，故有「憧憧往來，朋從爾思」之象。「九四」在「九三」的大腿上方，「九五」的背肉下方，相當於心臟。人的心神是行動的指揮官，是咸卦的主體。「九四」以陽爻居陰位不正，本來有悔，因而感應萬物心神不定，猶豫不決，私欲重重，當然就只能得到少數人的贊成。「九四」與「初六」陰陽相應，他若是心中無私欲，便會發乎情而止乎禮，與「初六」兩情相悅，所從者絡繹不絕。因此，「九四」必須堅持純正，才會吉祥，並且可使後悔消失。

【智慧點津】此爻揭示感應應光明無私。

【案例解讀】<u>沈獻忠廉潔從教不褪色</u>。沈獻忠是湖北省小學語文特級教師，

首屆潛江市名師，現任教於潛江市田家炳實驗小學。參加工作 30 多年來，儘管家庭拮据，但他從不向學生強行銷售各種所謂的學習資料，或變相向學生家長索要禮品，抑或在校外辦班搞「創收」，或搞有償家教……某次，其子女依學校規定，可享受相關減免，但他主動把指標讓給了他人。問及緣由，他淡然地說：「困難的學生多得是，他們比我更需要，我們當教師的要以身作則，不能搞特殊化。」

31.8

九五：咸其脢（méi）[1]，無悔。

《象》曰：「咸其脢」，志末也。

【注釋】

〔1〕脢：背脊肉。

【譯文】

九五：感應發生在脊背的肉上，沒有悔恨。

《小象傳》說：「感應發生在脊背的肉上」，說明「九五」的志向過於淺薄。

【解說】

「九五」爻位相當於人體後背的位置，背脊肉的位置比心臟稍高，所以有「咸其脢」之象。背脊是人身體最難感應的部位，反應萬物最遲鈍，對萬物無動於衷，所以雖然說不上有什麼兇險，但是也算不上吉祥，只是無悔而已。「九五」以陽剛居於尊位，態度高傲，對「六二」的主動追求漠不關心，難免志向特別淺薄。「聖人感人心而天下和平」，作為一個君王理應以中正之心，與外在廣大世界溝通，以寬廣博大胸懷包容、感化天下百姓，並將人心向背來衡量其治國理政的得失，那麼君王百姓將皆大歡喜而「無悔」。

【智慧點津】此爻揭示人與人之間應以心換心，不可孤僻設限。

【案例解讀】桂賢娣：「因生給愛十法」。桂賢娣是湖北省武漢市漢陽區鍾家村小學特級教師，全國模範教師。從教 30 多年來，她在教學中創立並形成了

「情感育人法」「因生給愛十法」，深受教育界稱道。「因生給愛十法」具體指：一、體弱生愛在關心。二、病殘生愛在得體。三、過失生愛在信任。四、屢錯生愛在耐心。五、向師生愛在珍惜。六、背師生愛在主動。七、個性生愛在尊重。八、普通生愛在鼓勵。九、進步生愛在賞識。十、後進生愛在鞭策。「以心交心，方能成其久遠」，這正所謂「咸其脢，無悔」。

31.9

上六：咸其輔頰舌〔1〕。

《象》曰：「咸其輔頰舌」，滕口說也〔2〕。

【注釋】

〔1〕輔頰：面頰。

〔2〕滕：水向上騰湧，引申為張口放言。

【譯文】

上六：感應發生在言語上。

《小象傳》說：「感應發生在言語上」，說明「上六」不過是玩弄口舌而已。

【解說】

上卦為兌卦，兌為口，為悅，故有「輔頰舌」之象。「上六」以陰爻居陰位，處咸卦之極和「兌」卦之終，象徵小人以甜言蜜語取悅於人。「真者，精誠之至也。不精不誠，不能動人。」這種玩弄口舌、巧言令色之人，最終必然毫無吉利可言。

【智慧點津】此爻揭示感應貴在真誠，不可花言巧語。

【案例解讀】劉老師因學校口惠而實不至而辭職。據網載；劉老師是江蘇省某工學院的一位青年教師。2013 年，他從海外留學博士歸來，當年為該學院招聘簡章中的房子、安家費和科研獎勵政策等福利待遇的吸引而選擇入職。但是，入職之後，這些許諾的福利待遇卻一再縮水——住房沒有，只能提供過渡性住房，房屋的租金還一漲再漲，科研經費也大打折扣……為此，劉老

師提出了辭職。「治國興邦，人才為本」。筆者認為，一個單位不但要用事業留人，用感情留人，更要用政策留人。只有形成了識才、愛才、敬才、用才之風，才能讓我們的事業薪火相繼，才能讓我們的未來無往不勝。

32. 恒卦第三十二——持之以恆

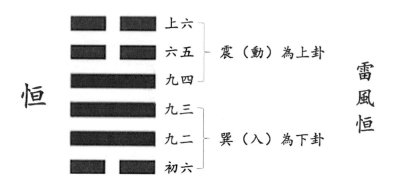

導讀：「鍥而捨之，朽木不折；鍥而不捨，金石可鏤。」作為教育工作者，只有始終如一地關心和熱愛學生、始終如一地學習各種知識、始終如一地探索教育教學規律，才能在教育的沃土上綻放絢麗的奇葩。

卦體下巽上震。震為雷，巽為風，風雷激蕩，交相為用，有宇宙常新之象。又震為長男，為動，巽為長女，為順，「男主外，女主內」，夫唱婦隨，猶如夫婦同心持家，天長地久，因此卦名為恒。「恒」，《說文解字》中說：「常也。」卦義為長久、持久。本卦闡釋恒久之道。

32.1

恒：亨，无咎，利貞，利有攸〔1〕往。

【注釋】

〔1〕攸：所。

【譯文】

《恒》卦象徵長久：亨通，沒有災禍，有利於堅守正道，有利於前去行事。

【解說】

「人有恒心萬事成，人無恒心萬事崩」，可見守恒能給我們帶來亨通，當然沒有災禍。君子修養恒德，動機必須純正，而且持續，才能無往不利。

32.2

《彖》曰：恒，久也。剛上而柔下〔1〕，雷風相與〔2〕，巽而動〔3〕，剛柔皆應〔4〕，恒。「恒：亨，无咎，利貞」，久於其道也。天地之道，恒久而不已〔5〕也。「利有攸往」，終則有始也。日月得天而能久照，四時變化而能久成，聖人久於其道而天下化成。觀其所恒，而天地萬物之情可見矣。

【注釋】

〔1〕剛上而柔下：指上卦震為陽卦，為剛，下卦巽為陰卦，為柔。

〔2〕相與：相助。

〔3〕巽而動：恒卦下卦為巽，為入，上卦為震，為動，故言「巽而動」。

〔4〕剛柔皆應：指「初六」和「九四」，「九二」和「六五」，「九三」和「上六」彼此陰陽相應。

〔5〕已：停止。

【譯文】

《彖傳》說：恒，指永久。長男陽剛居上而長女陰柔居下，雷與風相互助益，謙遜而又有所作為，卦中三個剛爻和三個柔爻都能上下呼應，這就是恒卦。「恒久：亨通，沒有災害，利於守正」，君子要長久地恪守此道。天地運行就是恒久而不停歇。「利於有所前往」，因為萬物發展是終而復始。日月高懸天空，所以能永照萬物，四季交替變遷，所以能永久生成萬物，聖人長久堅持此道，從而把全天下的人都教化成功。君子只要能洞察宇宙間一切事物的永恆規律，就可以瞭解天地萬物瞬息萬變的情狀。

32.3

《象》曰：雷風，恒。君子以立不易方〔1〕。

【注釋】

〔1〕立：樹立。易：改變。方：正道。

【譯文】

《大象傳》說：風雷每天在大自然交加，象徵著恒久。君子效法此象，樹立正道，永不改變。

【解說】

雷借風加強，風借雷增速，「雷風相與」，這是自然常理。教育工作者從中得到啟示，教書育人應始終堅持初心，不改變自己的原則和操守。

32.4

初六：浚（jùn）恒〔1〕，貞凶，无攸利。
《象》曰：「浚恒之凶」，始求深也。

【注釋】

〔1〕浚：疏通，深挖。

【譯文】

初六：深挖追求恒久之道，如此堅持下去就會有兇險，沒有什麼好處。

《小象傳》說：「深挖追求恒久之道的兇險」，是因為「初六」剛開始就急求深入。

【解說】

「初六」至「六五」五個爻組成一個放大的坎卦，坎為水。下卦為巽，巽為風，為順入。巽下坎上，故有「浚恒」之象。「初六」以陰爻居陽位失正，質柔而志剛，又處於巽卦主體，因而盲目深入與「九四」相應。殊不知上卦「九四」剛強震動於上，根本不會理會它，加之中間又有「九二」「九三」兩個陽爻阻擋。在這種情勢下，「初六」如果不顧一切強求深入，即或動機純正，也有兇險，前進不會有利。

【智慧點津】此爻揭示求恒也不可冒進的道理。

【案例解讀】「畫畫與賣畫」的故事。阿道夫‧門采爾是 19 世紀德國偉大的素描大師，也是歐洲傑出的畫家和版畫家。有一天，一位青年畫家向他請教說：「我常常能一天畫一幅畫，可賣出它卻總要一年的時間。」門采爾微笑著說：「年輕人，你可換著試一下。你把一天畫出的畫用一年時間去畫，看能不能把一年的賣畫時間縮短為一天。」這個故事告訴我們，急於求成、走捷徑就會一事無成，產生「浚恒之凶」。

32.5

九二：悔亡〔1〕。

《象》曰：九二「悔亡」，能久中也〔2〕。

【注釋】

〔1〕亡：消失。

〔2〕中：指「九二」居於下卦的中位。

【譯文】

九二：悔恨消失。

《小象傳》說：九二「悔恨消失」，是由於它能長久地堅守中正之道。

【解說】

「九二」以陽爻居陰位不正，本應有悔。但它在下卦的中位，又與尊爻「六五」正應，能謹守中正之道；這樣就會使後悔消失。在《周易》中，中位重於正位，正未必中，而中則正矣。「九二」以剛中之德而應「六五」之中，故其「悔亡」。

【智慧點津】此爻揭示守恆貴在持中不偏。

【案例解讀】黃翌青學習講究「勞逸結合」。據《武漢晚報》2013 年 6 月 24 日報導：黃翌青是武漢市 2013 年理科狀元，畢業於武漢外國語學校。在分享自己的學習方法時，他首推「勞逸結合」。平時在學校裏他總是既能學又能玩，高效完成學習任務後，課餘時間他積極參加外校許多社團活動，是環保社團和歐美社團的積極分子。一般情況下，他很少熬夜，晚上十點多就「打烊」收工。「文武之道，一張一弛」，最終，清華大學向他伸出了橄欖枝，實乃其「久中」的生動注解。

32.6

九三：不恒其德，或承之羞〔1〕，貞吝。

《象》曰：「不恒其德」，無所容也。

【注釋】

〔1〕承：蒙受。

【譯文】

九三：不能長久保持他的美德，就可能蒙受別人施加的羞辱，需要堅守正道以防憾惜。

《小象傳》說：「不能長久保持他的美德」，說明「九三」沒有恒心，不被人容納。

【解說】

下卦為巽卦，巽為風，為進退，不果，故說「不恒其德」。「九三」以陽爻居於陽位得正，但過剛不中，又與「上六」相應，以致不安現狀，躁動上進，不能堅守恆常德性，難免會蒙受羞辱。

【智慧點津】此爻揭示人貴有恆，否則遭受羞辱。

【案例解讀】1983 年山西省高考作文：漫畫《找水》。據黃河新聞網 2018 年 6 月 5 日載：有這樣一幅漫畫，題目叫「這下面沒有水，再換個地方挖！」畫上有一個嘴叼香煙，左手拿鐵鍬，右臂搭著毛巾，褲腳挽得很高的人，正邁開步子向前走去。在他的身後留下四五個深淺大小不相同的洞穴，而最深的那個，幾乎和地下水只有一寸之隔，只需再挖一鍬就可以大功告成。由此可見，「人若無恒，萬事不成」，「不恒其德，或承之羞」。

32.7

九四：田無禽〔1〕。

《象》曰：久非其位，安得「禽」也？

【注釋】

〔1〕田：通「畋」，狩獵。禽：泛指飛禽和走獸。

【譯文】

九四：田獵沒有捕到禽獸。

《小象傳》說：長久地在不適宜打獵的環境中打獵，又怎麼能夠捕獲到「禽獸」呢？

【解說】

若「九四」發生爻變，則上卦變為坤卦，坤為田地。它和「初六」陰爻相應，陰爻為虛，且前有「九二」「九三」阻攔，故有「田無禽」之象。「九四」以陽爻居陰位，既不得正又不得中，因此縱然恒久，也不會有成就；所以，狩獵不會有任何收穫。

【智慧點津】此爻揭示恒而不當，勞而無獲。

【案例解讀】<u>孟母斷機杼</u>。孟子小時候很貪玩，有一天，他從學堂逃課回了家。這時候的孟母正在家中紡布，見到提前回家的孟子後，二話不說，當著他的面將紡織用的梭子給弄斷了。孟子跪問原因，孟母告訴他，學習如同織布一樣，織布需要從一根線、一根線開始，即便將要完成，只要中途斷掉了，那麼也會前功盡棄。聽完孟母的一席話，孟子頓時如夢初醒，從此刻苦勤學，終於成為「亞聖」，避免了「田無禽」的過咎。

32.8

六五：恒其德，貞。婦人吉，夫子凶〔1〕。

《象》曰：「婦人貞吉」，從一而終也。「夫子」制義〔2〕，從婦凶也。

【注釋】

〔1〕夫子：丈夫。

〔2〕制義：根據事理而確定不同的原則。

【譯文】

六五：常久地保持柔順服從的美好品德，堅貞不移。婦人守此道吉祥，男人守此道有兇險。

《小象傳》說：「婦人堅貞不移可獲吉祥」，是說婦人一生應順守一個丈夫。

「丈夫」則必須衡量事理，因事制宜，如果像婦人盲目順從，就會遭遇兇險。

【解說】

「六五」陰柔為婦女，「九二」陽剛為夫子，兩者陰陽相應，有「從一而終」之象。「六五」以陰爻居於陽位，又與下卦居中的「九二」陽爻相應，象徵它能堅守柔順、服從之德，在操守上應從一夫而終其身，故「婦人貞吉」。然而，男女由於使命不同，職責不同，角色不同，分工不同，所以，大丈夫應以陽剛去決斷、衡量事理，如果長久對妻子言聽計從，就會有兇險。

【智慧點津】此爻揭示恪守恒德，應學會變通，因事制宜。

【案例解讀】<u>清華大學破格錄取偏科生錢鍾書</u>。錢鍾書字默存，號槐聚，是中國現代著名的學者、作家。1929 年，他報考清華大學時，在規定入學考試的三門功課中，語文考了滿分，國文也考得十分的好，可數學僅考了 15 分。按當時校方的規定，他是沒有任何希望進入清華的，然而，當時羅家倫校長知道此事後，打破入學應有的規定，破格錄取了他。後來，他在清華大學刻苦讀書，終於成為一代國學大師。

32.9

　　上六：振恒〔1〕，凶。
　　《象》曰：「振恒」在上，大無功也。

【注釋】

〔1〕振：通「震」，震動。

【譯文】

　　上六：躁動不安於恒久之道，有兇險。
　　《小象傳》說：「躁動不安於恒久之道」，又高居上位，終將一無所成。

【解說】

　　「上六」處於恒卦之極，震體之終，好動不止，故有「振恒在上」之象。它以陰爻居於陰位，資質柔弱，好變而不能守恆，無法堅守恆久之道，所以兇險。

【智慧點津】此爻揭示守恆搖擺不定有凶。

【案例解讀】<u>邯鄲市教育局廢除「禁止學生到外地讀中學」政策</u>。據河北廣播網 2021 年 7 月 9 日載：6 月 29 日至 7 月 2 日期間，邯鄲市教育局發出緊急通知，提出「邯鄲生源無特殊情況，一律不得到邯鄲市以外地區高中和初中學校就讀，凡是私自到外地就讀的學生，一律不予辦理學籍轉移手續」。面對廣大家長的質疑，到 7 月 9 日，邯鄲市教體局卻來了個 180 度大轉彎，完全推翻了此前的「緊急通知」，並在自己的官網上發布通知稱：一是廢止「緊急通知」，嚴格按照河北省教育廳相關規定開展招生工作。二是對符合政策規定意願到外地就學的學生，按規定、按程序辦理轉學手續。三是廣泛徵求學生家長意見，進一步完善今年招生工作政策具體措施。四是加大招生政策信息公開和宣傳力度，做好政策解讀和說明工作，自覺接受媒體和輿論監督。筆者以為，邯鄲市做出這樣一個決定，是完全和教育部的政策要求嚴絲合縫的，不能朝令夕改，否則會產生「振恆在上，大無功也」之凶。

33. 遁卦第三十三──以退為進

導讀：「識時務者為俊傑，通機變者為英豪。」作為教育工作者，只有善於退出課堂教學的中心，才能讓學生在老師的合理引導下，自主獲取知識，杜絕「有教無學」的現象。

卦體下艮上乾。乾為天，艮為山，呈現天下有山，山勢逼天，山高天退之象。卦形二個陰爻小人勢力在逐漸增長，君子不得不退避。「遁」，本義指用盾掩護著逃跑，卦義為隱退、避讓。本卦闡釋適時退避之道。

33.1

　　遁：亨，小利貞〔1〕。

【注釋】

　　〔1〕貞：守正。

【譯文】

　　《遁》卦象徵退避：亨通，柔小陰爻利於堅守正道。

【解說】

　　「識時務，知進退，善其身。」退避並非無原則地消極逃世，而是一種以退為進的智慧。從卦象上看，陰長陽消，小人漸盛，君子退避；從爻意來看，陰爻和陽爻都指退避的君子。不過，陽剛在「九五」的君位既中且正，與下方的「六二」陰陽相應，有救世之心，仍然可以亨通。此時，君子如果堅守純正，雖然不能大有作為，但還可以儘量做自己力所能及的小事。

33.2

　　《彖》曰：「遁，亨」，遁而亨也。剛當位而應〔1〕，與時行也。「小利貞」，浸〔2〕而長也。遁之時義大矣哉！

【注釋】

　　〔1〕剛當位而應：指「九五」以陽爻居於陽位，它和「六二」相應。〔2〕浸：逐漸。

【譯文】

　　《彖傳》說：「退避，亨通」，是說必先退避而後獲致亨通。「九五」陽剛中正得位而與「六二」陰柔上下響應支持，這是隨著時勢而採取行動。「柔小陰爻利於堅守正道」，這是因為陰氣漸浸生長（君子此時不利於大有作為）。遁卦的這種適時而退的意義真是太偉大了！

33.3

　　《象》曰：天下有山，遁。君子以遠小人，不惡而嚴〔1〕。

【注釋】

　　〔1〕惡：憎惡。嚴：嚴於律己。

【譯文】

《大象傳》說：天底下聳立大山（山逼天退），象徵著退避。君子效法此象，要疏遠小人，雖不表現憎惡之情，但是以嚴格自律與之劃清界限。

【解說】

天底下聳立大山，山再高也無法企及天，有退避之象。教育工作者從中得到啟示，應當遠離社會各種歪風邪氣和不良惡習，才能更好地潔身自好。

33.4

初六：遯尾〔1〕，厲〔2〕，勿用有攸往〔3〕。

《象》曰：「遯尾」之「厲」，不往何災也？

【注釋】

〔1〕遯：退避。尾：末尾。

〔2〕厲：危險。

〔3〕攸：所。

【譯文】

初六：退避不及落在後面，有兇險，不宜冒險前進。

《小象傳》說：「退避不及落在後面有兇險」，如果不冒險前進，又怎麼會有災禍呢？

【解說】

下卦為艮卦，艮為靜止，因此，內卦三爻主要闡述的是不可隱遯的靜止；故爻辭依次說「勿往」「執革」和「係遯」。上卦為乾卦，為剛健，所以外卦三爻側重於健行而利於隱遯，故爻辭分別說「好遯」「嘉遯」和「肥遯」。上爻為首，初爻為足、為尾。「初六」以陰爻居陽位失正，在遯卦之初，優柔寡斷，喪失遯退的最佳時機，落在末尾；在小人得勢的時刻，當然危險。此時，「初六」應暫停腳步，靜觀時局變化，切不可採取積極的行動。「最危險的地方也就是最安全的地方」，有時在退避不及之時，呆在原地不動，更是一種良策。

【智慧點津】此爻揭示退避落在後面有危險，此時，妄動更凶。

【案例解讀】<u>小作坊堅持做「油紙傘」的故事</u>。有一個小作坊是世世代代做油紙傘的，當時代進步引入了新技術以後，同行們紛紛開始做洋傘了，小作坊調整不及時落在了後面，一度沒有收入，非常拮据。此時就不能做調整了，因為已經不能搶佔任何市場份額了，於是繼續做油紙傘。過了不久，油紙傘變成了少見的工藝品和裝飾品，於是，小作坊的生意又好了起來。

33.5

六二：執之用黃牛之革〔1〕，莫之勝說〔2〕。

《象》曰：「執用黃牛」，固志也。

【注釋】

〔1〕執：捆綁。革：堅硬的皮革。

〔2〕莫：沒有。勝：能夠。說：通「脫」，解脫。

【譯文】

六二：用黃牛皮繩捆縛，誰也難以解脫。

《小象傳》說：「用黃牛皮繩捆縛」，是說「六二」有堅定不移的意志。

【解說】

下卦為艮，艮為手；下交互卦為巽，巽為繩子，故有「執」之象。在逃避之世，全卦唯此爻毫無遁避之意。「六二」以陰爻居陰位，處遁卦下卦之中，既中且正，上與「九五」中正之君相應，如同一個忠心不二的臣子，恪守人臣之道。「六二」柔順竭誠追隨「九五」，意志堅定，共扶危局，就像用堅韌結實的黃牛皮革捆縛，無法解脫。

【智慧點津】此爻揭示退避應堅守正道，矢志不移。

【案例解讀】<u>黃文秀捨身忘我倒在扶貧第一線</u>。黃文秀於北師大碩士畢業後，任職於百色市委宣傳部，派駐樂業縣新化鎮百坭村第一書記。她一心為民，把扶貧路當「長征路」——「不獲全勝、決不收兵」。為了保護村裏群眾的生命財產安全，早點回村部署抗洪，在明知前方有危險的情況下，她毅然連夜趕回百坭村，卻不幸途中遭遇山洪而壯烈犧牲。她用生命詮釋了一個共產黨員的初心和使命，最後被中宣部追授「時代楷模」稱號。

33.6

九三：係遯〔1〕，有疾厲〔2〕，畜臣妾，吉〔3〕。

《象》曰：「係遯之厲」，有疾憊也。「畜臣妾，吉」，不可大事也。

【注釋】

〔1〕係：繫累。

〔2〕疾：病。厲：危險。

〔3〕臣妾：奴隸的共稱。古代奴隸男稱臣，女稱妾。

【譯文】

九三：心懷繫戀，未能退避，就像疾病纏身那樣危險。此時畜養僕人和侍妾，可獲吉祥。

《小象傳》說：「心懷繫戀未能退避，會有危險」，就像疾病纏身那樣使人疲憊不堪。「畜養僕人和侍妾可獲吉祥」，是說「九三」此時不可能有什麼大作為。

【解說】

下交互卦為巽，巽為繩子；下卦為艮卦，艮為少男，為童僕，故有「係遯」和「臣妾」之象。「九三」以陽爻居陽位，當位得正，本可以順利地逃離；然而，它向上和「上九」敵應無援，向下又被兩個陰爻拖累，以致隱遯遲疑不決，就像患病一樣危險。在這種情況下，蓄養奴婢，潛藏志向，吉利。

【智慧點津】此爻揭示退避不可被外物牽連。

【案例解讀】劉備新野兵敗不棄百姓。據《三國志·蜀書·先主傳》記載：「琮左右及荊州人多歸先主。比到當陽，眾十餘萬，輜重數千兩，日行十餘里，別遣關羽乘船數百艘，使會江陵。或謂先主曰：『宜速行保江陵，今雖擁大眾，被甲者少，若曹公兵至，何以拒之？』先主曰：『夫濟大事必以人為本，今人歸吾，吾何忍棄去！』」劉備在新野兵敗後，帶領當地十多萬百姓一同出逃，行動遲緩，被曹軍追上，損失慘重，然而，他卻得到了「愛民如子，仁德蓋世」的美譽。

33.7

九四：好遁[1]，君子吉，小人否。
《象》曰：「君子好遁，小人否」也。

【注釋】

〔1〕好：喜好，眷戀。

【譯文】

九四：心有眷戀而毅然退避，君子可獲吉祥，小人卻做不到。
《小象傳》說：「君子心有眷戀而毅然退避，而小人卻做不到」。

【解說】

「九四」與「初六」陰陽相應，大有親近之象。然而，他為遁卦之中居於陰位的陽爻，乃是一位能預見和把握退隱時機的君子。在應當隱遁時，他處於上卦「乾」體之中，能夠剛健果斷，毅然忍痛割愛，毫不猶豫地隱去，所以稱作「好遁」。君子能夠做到這一點，當然吉祥；然而，小人就做不到。

【智慧點津】此爻揭示退避應斷然排除眷戀。

【案例解讀】劉伯溫和李斯之不同命運。「不義而富且貴，於我如浮雲。」明朝開國名臣劉伯溫一生辭官隱居多次，避免了宦海紛爭，怡然自樂。與此相反，秦朝丞相李斯卻貪戀富貴，與趙高聯手締造了沙丘政變，卻最終被趙高陷害而慘遭腰斬之刑，夷滅三族。這正如爻辭所說：「好遁，君子吉，小人否」。

33.8

九五：嘉遁[1]，貞吉。
《象》曰：「嘉遁，貞吉」，以正志也。

【注釋】

〔1〕嘉：善，美好。

【譯文】

九五：美好的退避，能堅守正道，可獲吉祥。

《小象傳》說：「美好的退避，堅守正道可獲吉祥」，是因為「九五」能端正自己的志向。

【解說】

「九五」陽剛中正，與下卦柔順中正的「六二」相應，兩者密切配合，退避行止有度，故說「嘉遁」。「九五」又高居尊位，卻不貪戀權位，能及時全身而退，最終帶來吉祥，為遁卦最善之爻。

【智慧點津】此爻揭示退避應及時，得體，秉持中正。

【案例解讀】葉翠微讓賢卸任杭州二中校長。葉翠微是全國知名校長，2000年至2017年通過全國競聘出任浙江省杭州第二中學校長。在執掌該校期間，他推崇「人性教育」，還師生以自由，塑學校以品格，「高境界做人，高水平學習，高品質生活」，深受師生的尊敬和愛戴。2017年，他創下該校畢業生230多人進入北大、清華、浙大，學科競賽多次摘金的佳績……而恰恰在這個時候，他提出卸任該校校長職務。問及原因，他說：「我這時候主動退休，是對二中負責，這樣做既是一種傳承，也能給年輕人機會。我何樂而不為！二中要薪火相傳，絃歌不斷呀。」這正所謂「嘉遁，貞吉，以正志也」。

33.9

上九：肥遁〔1〕，无不利。

《象》曰：「肥遁，无不利」，無所疑也。

【注釋】

〔1〕肥：通「飛」，遠走高飛。

【譯文】

上九：高飛遠退，沒有什麼不利。

《小象傳》說：「高飛遠退，沒有什麼不利」，說明「上九」退隱時沒有任何疑慮。

【解說】

「上九」處於遯卦之終，乾卦之極，既向上健行無阻，又向下與二陰無應無係，說明其進退沒有拖累、牽掛，能夠高飛遠遯，沒有任何的不利與疑慮。以人事比擬，「上九」位於「九五」的君位之上，相當於崇高脫俗的隱士。他能夠悠然自得，安度隱退，故言「肥遯，无不利」。

【智慧點津】此爻揭示退避應進退由心，超然物外。

【案例解讀】范蠡辭官從商傳佳話。范蠡是楚國宛地三戶（今河南南陽）人，是經商之人的鼻祖。春秋末期，他在成功輔佐越王句踐復國後，認為句踐「只可共患難，不能共享樂」，便辭官歸隱。其間三次經商成巨富，三散家財，被後人尊稱為「商聖」。「忠以為國，智以保身，商以致富，成名天下」，「范蠡三遷皆有榮名」，其「肥遯」之吉由此可見一斑。

34. 大壯卦第三十四——校園欺凌

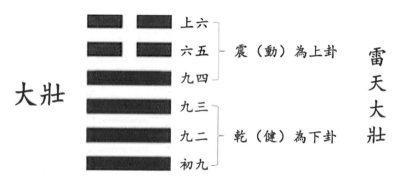

導讀：「兵強則滅，木強則折」，作為教育工作者，要教育學生謙讓為懷，不恃強凌弱，堅決杜絕校園打架、鬥毆等暴力事件的發生。

卦體下乾上震。震為雷，乾為天，雷在天上，聲勢壯盛之象。卦象四陽壯盛，威猛至極。《大壯》，義為大者壯盛。大，指陽爻；壯，本義為高大、肌肉壯實，引申泛指強健。本卦闡釋強盛應克制的道理。

34.1

大壯：利貞〔1〕。

【注釋】

〔1〕貞：守正。

【譯文】

《大壯》卦象徵十分強盛：有利於堅守正道。

【解說】

大壯連續四個陽爻，象徵君子不斷壯大，當然亨通，無往不利。然而，「大壯則止」，此時，君子必須堅守純正，遵守禮制；否則，就有陷於橫暴的可能，害人害己。

34.2

《彖》曰：「大壯」，大者壯也。剛以動[1]，故壯。「大壯，利貞」，大者正也。正大，而天地之情可見矣。

【注釋】

〔1〕剛以動：大壯卦下卦為乾，為剛，上卦為震，為動，故言「剛以動」。

【譯文】

《彖傳》說：「大壯」是說剛大者強而有力。剛健而善動，所以稱為壯。「剛大有力，利於堅守正道」，是指剛大者必須正直。陽剛者守正又強大，那麼天地萬物的情狀就可以知道了。

34.3

《象》曰：雷在天上，大壯。君子以非禮弗履[1]。

【注釋】

〔1〕弗：不。履：踐行。

【譯文】

《大象傳》說：震雷響徹天空，象徵著十分強盛。君子效法此象，不合禮儀的事不做。

【解說】

震雷在天空中轟響，聲勢浩大，有強壯之象。教育工作者從中得到啟示，為人處世要遵守《新時代中小學教師職業行為十項準則》和《中小學教師職業道德規範》，如潛心教書育人、關心愛護學生、堅持言行雅正、堅守廉潔自律、積極奉獻社會等，努力成為有理想信念、有道德情操、有紮實學識、有仁愛之心的好老師。

34.4

初九：壯於趾〔1〕，征凶，有孚〔2〕。

《象》曰：「壯於趾」，其「孚」窮也。

【注釋】

〔1〕趾：腳趾。

〔2〕孚：誠信，必然。

【譯文】

初九：腳趾強盛，若急於行動則兇險無疑。

《小象傳》說：「腳趾強盛」，貿然前進，必然窮困。

【解說】

依據《周易》體例，按照身體取象，初爻一般為腳趾。「初九」以陽爻居於陽位，處於大壯卦之初，重剛躁動，必有兇險；又其位卑力弱，上與「九四」陽陽敵應，沒有援引，如果逞能妄動，必然無路可走。

【智慧點津】此爻揭示壯大也應當量力，不可輕舉妄動。

【案例解讀】洛南中學生一腳踹死同學。據 2011 年 11 月 23 日西部網訊：近年來，曾經被人們譽為一方淨土的學校，卻頻頻發生打架、群毆等暴力事件。近日，商洛市的洛南中學就發生了一起學生打死學生的慘案。死者羅某斌是洛南中學高一（7）班的學生。記者瞭解到，這起鬥毆事件發生在 10 月 31 號下午 5 點左右，當時學校已經開始放學了。高一（11）班學生申某韜與羅某斌在學生宿舍因「放一本書」起了爭執。據在場的同學介紹，兩人在肢體衝突中，申某韜將羅某斌摔倒在地，並在他的胸部猛踩一腳，致使羅某斌當場死亡。「衝動是魔鬼」，這真是「壯於趾，征凶，有孚」的慘烈寫照。

34.5

九二：貞吉〔1〕。

《象》曰：「九二貞吉」，以中也〔2〕。

【注釋】

〔1〕貞：正。

〔2〕中：中正，指「九二」居於下卦之中。

【譯文】

九二：堅守正道可獲吉祥。

《小象傳》說：「九二堅守正道可獲吉祥」，是因為它陽剛居中的原因。

【解說】

「九二」以陽爻居陰位失正，但在「大壯」之時，它在下卦的中位，能剛中用柔，以中道克制自己過剛的行為，且與「六五」陰陽相應，互為輔助，因而能安守中正之道，「貞吉」。

【智慧點津】此爻揭示壯大應適度、中正。

【案例解讀】<u>教師手記：給批評施點「柔」加點「蜜」</u>。據《當代家庭教育報》2013 年 12 月 26 日刊載：一學生向班主任反應，她新買的字典不見了。而且還說，字典扉頁上有個「玉」字。班主任瞭解情況後，讓這名學生不要張揚，他幫她找。班主任來到教室，在逐一檢查中，發現一名女生的字典扉頁上寫著一個「璧」字，而且顯然是在原來的「玉」字上面改的。他當時遲疑了一下，這名女生頓時滿面通紅。但這位班主任並沒有表現出什麼，而是繼續檢查其他學生的字典。後來，這位班主任瞭解到這名女生平時品德很好，但家境貧寒，母親抱病臥床。瞭解了這些情況後，他自己花了 11 元錢買了一本字典，並在扉頁處精心寫了一個「玉」。然後，當著全班同學宣布說，某某同學的字典找到了，是其他班同學撿到的。數年後，有一天，這位教師收到了一封信，裏面夾著 11 元錢。信裏，這名學生向老師承認了錯誤，並衷心感謝老師對她的愛護。批評是一門藝術，這位班主任沒有「狂風暴雨」，而是「溫柔」「甜蜜」，讓學生在潤物細無聲中反省自己的過失，並惠及終身。

34.6

九三：小人用壯，君子用罔〔1〕，貞厲〔2〕。羝（dī）羊觸藩〔3〕，羸（léi）其角〔4〕。

《象》曰：「小人用壯，君子用罔」也。

【注釋】

〔1〕罔：通「亡」，無。

〔2〕厲：危險。

〔3〕羝羊：公羊。藩：籬笆。

〔4〕羸：通「累」，拘繫，纏繞。

【譯文】

九三：小人恃強好勝，君子卻不會這樣做。堅守正道以防危險。就像強壯的公羊用角頂觸籬笆，角被纏掛住進退不得。

《小象傳》說：「小人恃強好勝，君子卻不會這樣做」。

【解說】

上交互卦為兌，兌為羊，為毀折。若「九三」發生交變，則下交互卦變為離卦，離為羅網，故有「羝羊觸藩，羸其角」之象。「九三」以陽爻居於陽位，又處乾健之極，且和「上六」相應，因此極為強壯。當此之時，小人只會恃強妄動，結局如同公羊用自己的角去頂觸籬笆牆，導致其角為籬笆所卡，陷入進退兩難的境地；而君子卻履剛用柔，以不用而行大用，保其壯而成其壯，吉祥亨通。

【智慧點津】此爻揭示不可利用壯大，盛氣凌人。

【案例解讀】甘肅14歲少年被同學圍毆致死。據紅星新聞報導，2019年4月23日下午，甘肅隴西縣渭河中學一名初二學生張凱（化名），只因被懷疑拿走一隻耳機，被同校五名學生圍毆，拳打腳踢，輪番暴打，之後送醫搶救無效身亡。據警方出具的屍檢鑑定意見書顯示，係顱腦嚴重損傷而死亡。「羝羊觸藩，羸其角」，等待他們的必將是法律的嚴懲。

34.7

九四：貞吉，悔亡。藩決不羸（léi）〔1〕，壯於大輿之輹（fù）〔2〕。
《象》曰：「藩決不羸」，尚往也。

【注釋】

〔1〕決：衝破。

〔2〕輿：車。輹：輻條。

【譯文】

九四：堅守正道吉祥，悔恨消失。就像籬笆被撞開了一個缺口，而羊角不被纏繞，又如大車的輪輻堅固耐用。

《小象傳》說：「籬笆被撞開了一個缺口，而羊角不被纏繞」，說明君子要積極向前進取。

【解說】

上爻互卦為兌，兌為毀折，為附決。陽爻遇陰爻則通，「九四」前遇二陰，暢通無阻，故有「藩決不羸」之象。若「九四」發生爻變，則上卦變為坤卦，坤為大車，其下有三個陽爻鋪墊，所以又有「大輿壯輹」之象。「九四」處於本卦四個陽爻之終位，非常壯大。它以陽爻居陰位失位無應，不中不正，本來有悔。不過，正因為其以剛爻居柔位，能夠以柔濟剛，持正而行，故如「藩決不羸」暢行無阻。但只要堅持純正，仍然吉祥，可使後悔消除。

【智慧點津】此爻揭示壯大應中庸，更要堅守純正。

【案例解讀】<u>諸葛亮「七擒七縱」孟獲</u>。三國時期，蜀漢西南邊境時常遭受以孟獲為首的少數民族侵擾，諸葛亮為穩固蜀漢後方，決定親自點兵討伐。但他深知，動用武力固然可以迅速征服他們，但終難以得到當地人民的信服。於是，他通過「七擒七縱」孟獲，讓其心悅誠服。諸葛亮善於恩威並施，正如爻辭所言「壯於大輿之輹」，從而維護了蜀漢西南地區的穩定。

34.8

六五：喪羊於易〔1〕，無悔。
《象》曰：「喪羊於易」，位不當也。

【注釋】

〔1〕易：通「場」，即場、田畔、邊界。

【譯文】

　　六五：在田邊丟失了羊，無須悔恨。

　　《小象傳》說：「在田邊丟失了羊」，是因為「六五」所處的位置不恰當。

【解說】

　　本卦是一個放大的兌卦，兌為羊（羊與陽諧音），為毀折。震為大路，為場，所以說「喪羊於易」。「六五」處在連續四個陽爻之後，無力阻擋其上升，而且首當其衝被其驅走，象徵強壯逐漸衰弱，羊在自己的田邊丟失。但「六五」又柔居中位，有剛相濟，又與「九二」相應，可以中和平衡群陽，避免用壯而受傷。所以此時如能順其自然，雖然丟失了羊，卻沒有大的悔恨。

【智慧點津】此爻揭示壯大後開始衰退，順其自然可以無悔。

【案例解讀】鄉村公辦學校的衰弱。據筆者調查，本人所在的鄉鎮（仙桃市三伏潭鎮）有 35 個行政村，80 年代，人數最多的村小足有六、七百名學生，現在，許多村小都撤銷了，而且聯片合村辦學後，最多的村小都只有 400 多人，並且還呈現逐年下降趨勢。筆者認為，出現這種「喪羊於易」的現象，與學校辦學質量、教師工資待遇、民辦中小學校興起以及城市化進程加快等密不可分。對於其今非昔比的命運，我們應理智看待，泰然處之。

34.9

　　上六：羝羊觸藩，不能退，不能遂〔1〕，无攸利〔2〕。艱則吉。

　　《象》曰：「不能退，不能遂」，不詳也〔3〕。「艱則吉」，咎不長也。

【注釋】

〔1〕遂：進。

〔2〕攸：所，代詞。

〔3〕詳：通「祥」，吉祥。

【譯文】

上六：強壯的公羊因頂觸藩籬而被掛住了角，既不能後退，也不能前進，沒有什麼利益。但只要艱苦奮鬥就可獲得吉祥。

《小象傳》說：「既不能後退，又不能前進」，說明遭遇不祥。「只要艱苦奮鬥就可獲吉祥」，是說這樣災難就不會長久。

【解說】

「上六」與「九三」正應，「九三」是羝羊，「上六」是藩籬。「上六」以柔爻居陰位，體質柔弱，處於大壯卦之終和震動之極，求進心切，恃強盲動，前無可進之路，後有陽爻斷路，進退兩難如「羝羊觸藩，不能退，不能遂」。所幸「上六」得位，能夠以柔弱與命運對抗，忍耐以等待時機，否極必會泰來。

【智慧點津】此爻揭示壯極必衰，君子應當隱忍以待機。

【案例解讀】<u>關羽大意失荊州</u>。三國時期，諸葛亮派關羽鎮守荊州。東吳的將軍呂蒙首先對關羽和顏悅色，讓關羽以為東吳政權並無威脅從而從荊州撤出了很多兵力，遠征樊城，導致荊州空虛。這時，孫權派呂蒙乘虛偷襲荊州三郡，導致荊州三郡失陷。最後，關羽被迫敗走麥城，葬送自己。關羽驕傲輕敵、「羝羊觸藩」是這次戰役失敗的主要原因。

35. 晉卦第三十五——光明晉升

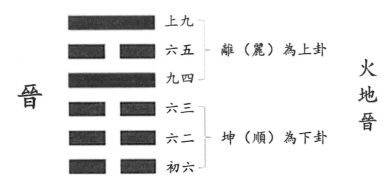

導讀：「世界是你們的，也是我們的，但是歸根結底是你們的。你們青年人朝氣蓬勃，正在興旺時期，好像早晨八九點鐘的太陽。希望寄託在你們身上。」作為教育工作者，要鼓勵學生志存高遠，不斷追求進步。

　　卦體下坤上離。離為火、為日、為明，坤為地，為柔順，有太陽徐升大地，普照萬物之象。「晉」，《說文解字》中說：「進也。」它的基本義是前進、向上。本卦闡釋光明晉升之道。

35.1

　　晉：康侯〔1〕用錫〔2〕馬蕃庶〔3〕，晝日三接〔4〕。

【注釋】

　　〔1〕康侯：有兩解，其一是指能安邦定國的諸侯；另一解是認為康侯即周武王之弟康叔，因其曾封侯於康。

　　〔2〕錫：通「賜」，賞賜。

　　〔3〕蕃庶：許多。蕃，盛。庶，多。

　　〔4〕三接：多次接見。

【譯文】

　　《晉》卦象徵晉升：才幹出眾的諸侯得到天子賞賜許多車馬，並且在一天之內被邀請接見多次。

【解說】

　　「不想當將軍的士兵，不是好士兵。」本卦上「離」明，下「坤」順，諸侯柔順而光明，忠於職守，治國有功，必然會得到天子的賞賜、褒獎和提拔，令其飛黃騰達。

35.2

　　《彖》曰：晉，進也。明出地上，順而麗〔1〕乎大明〔2〕，柔進而上行〔3〕，是以「康侯用錫馬蕃庶，晝日三接」也。

【注釋】

　　〔1〕順而麗：晉卦下卦為坤，為順，上卦為離，為麗，為依附，故言「順而麗」。

　　〔2〕大明：太陽。

　　〔3〕柔進而上行：指下卦坤中三個陰爻向上前進。

【譯文】

　　《彖傳》說：晉，就是升進。太陽從地上升起，高懸天空，柔順之臣向上依附於大明之君，以柔順之道不斷進取上升，所以說：「才幹出眾的諸侯得到天子賞賜許多車馬，並且在一天之內被邀請接見多次。」

35.3

《象》曰：明出地上，晉。君子以自昭明德〔1〕。

【注釋】

〔1〕昭：展示。

【譯文】

《大象傳》說：太陽升出地面，象徵著升進。君子效法此象，應該充分展示自己光明的德行。

【解說】

太陽從大地上冉冉升起，有前進、晉升之象。教育工作者從中得到啟示，應該不斷加強自身修養，充分展示自己獨特的教學風格和人格魅力，從而實現自己的人生價值。

35.4

初六：晉如，摧如〔1〕，貞吉。罔孚〔2〕，裕无咎〔3〕。
《象》曰：「晉如，摧如」，獨行正也。「裕无咎」，未受命也。

【注釋】

〔1〕摧：摧毀，挫敗。如：語尾詞，……的樣子。

〔2〕罔：無。孚：信。

〔3〕裕：寬容，坦然。

【譯文】

初六：升進之初就遇到挫折，堅守正道吉祥。即使不能取信於人，能坦然以對則沒有什麼災禍。

《小象傳》說：「升進之初就遇到挫折」，說明「初六」是獨自堅守了正道。「能坦然以對則沒有什麼災禍」，是因為它尚未受到任命。

【解說】

若「初六」發生爻變，則下卦變成震卦，震為動，為行。下交互卦為艮，艮為山，為止，這一動一止就形成了一些人想進又進不得、彼此擁擠的局面，

所以有「摧如」之象。上爻互卦為坎，坎為艱險，為心憂。下卦為坤，坤為包容，為寬廣，所以又有「罔孚，裕无咎」之象。「初六」以陰爻居陽位不當位，處晉卦之始，位卑力弱，加之上面有「六二」「六三」兩個陰爻阻礙其升進之路，所以受到巨大的挫折。不過，「初六」和「九四」畢竟陰陽相應，只要它堅守純正，坦然待時，最終仍會取信於人，獲得吉祥。

【智慧點津】此爻揭示晉升必須動機純正，坦然面挫。

【案例解讀】<u>蘇東坡基層歷練獲擢升</u>。蘇東坡是北宋著名文學家，「唐宋八大家」之一。他被宋英宗皇帝賞識，想提拔重用。然而，宰相韓琦卻主張讓蘇東坡先從較低的官職做起，經過磨煉之後再交給重任，這樣才能得到眾人的信服。英宗採納韓琦的意見，讓蘇東坡在史館任職。蘇東坡知道後，不但不生氣，反而覺得韓琦的做法很有道理。後來，他果然被升為翰林學士、禮部尚書等職。

35.5

六二：晉如，愁如，貞吉。受茲介福〔1〕，於其王母〔2〕。
《象》曰：「受茲介福」，以中正也。

【注釋】
〔1〕茲：這。介：大。
〔2〕王母：祖母，這裡指「六五」。

【譯文】
六二：升進之時充滿憂愁，堅守正道可獲吉祥。獲得極大的福澤，來自高位的王母。
《小象傳》說：「獲得極大的福澤」，這是因為「六二」居中守正。

【解說】
上爻互卦為坎，坎為加憂，為心病，故有「愁如」之象。「六五」位尊屬陰，所以又有「王母」之象。「六二」上臨坎途，與「六五」又陰陰不能相應，上方缺乏援引，因而愁容滿面。不過，它以柔爻居於陰位，既中且正，只要堅

守純正，仍然會得到「六五」王母的福蔭。

【智慧點津】此爻揭示晉升應以中正為本，憂慮不足為患。

【案例解讀】<u>俞敏洪三次高考的故事</u>。俞敏洪是新東方教育科技集團董事長，曾在 1978 年和 1979 年兩次參加高考，都名落孫山。起初他有點心灰意冷，鬱鬱寡歡，可謂「晉如愁如」。但很快他就從陰影中走出來，懷抱著「不斷面對失敗的人，成功的機會比普通人多得多」的信念，更加勤奮地學習，終於在 1980 年又一次參加高考，並收到了北京大學的錄取通知書，實乃「受茲介福，於其王母」。

35.6

六三：眾允〔1〕，悔亡。
《象》曰：「眾允」之志，上行也。

【注釋】

〔1〕允：贊同。

【譯文】

六三：得到大眾的贊同，悔恨消失。

《小象傳》說：「得到大眾的贊同」，這是因為「六三」志向上進。

【解說】

下卦為坤，坤為柔順，為眾人；若「六三」發生爻變，則下交互卦變為巽卦，巽為風，為順入；上交互卦變為兌卦，兌為口，為言，故有「眾允」之象。「六三」以陰爻居陽位，不中不正本有悔。但它上和「上九」相應有輔，下與「初六」和「六二」兩個陰爻志同道合，一同上進；得到大家的擁護，前進的道路順利暢通，本有的後悔就消失了。

【智慧點津】此爻揭示晉升要取信於民，擁有群眾基礎。

【案例解讀】<u>熊虎從教師到「督學」</u>。熊虎仁厚善施，才華橫溢，業務精湛，是荊門市教育界的「一支筆」。在基層摸爬滾打二十多年，先後做過教師、中

層幹部到校長。每到一處，都得到同事或領導的信服和讚譽。2018 年，他又受上級領導的重託，組建並擔任市教育局質量評估中心主任。「德藝周厚，則名必善焉。」他的上行成功就在於「眾允」之志。

35.7

九四：晉如鼫（shí）鼠〔1〕，貞厲。

《象》曰：「鼫鼠貞厲」，位不當也。

【注釋】

〔1〕鼫鼠：一種較大田鼠，專門偷吃田中糧食，它貪婪而害怕人類，這裡喻指「九四」無才無德。

【譯文】

九四：升進如同貪婪的田鼠一樣，應堅守正道以防危險。

《小象傳》說：「貪婪的田鼠，應堅守正道以防危險」，這是因為「九四」地位不當。

【解說】

下交互卦為艮，艮為山，為石，為鼠，故有「鼫鼠」之象。「九四」以陽爻居於陰位，不中不正，卻晉升竊據到高位，其貪婪和不學無術如同田鼠。它嫉賢妒能，處上互坎險之中，坎為險陷，既對下面的三個陰爻升進形成阻礙，又向上咄咄逼進於「六五」之君；因而只有堅守正道，才能防止危險。

【智慧點津】此爻揭示晉升不可投機取巧，貪得無厭。

【案例解讀】<u>長春教育局長行賄事件</u>。據搜狐網網載：張某媚，2003 年 1 月至 2006 年 9 月，任吉林省長春市南關區教育局局長、黨委書記。經查，2006 年 6、7 月份，在長春市縣（市、區）黨委換屆期間，時任南關區教育局局長的張某媚，為確保自己能在南關區領導班子換屆中順利升遷，主動通過關係結識時任長春市委副書記田某並向其行賄 5 萬美元，希望得到關照。因為二人的行為均觸犯了黨紀國法，事後他們都受到相應的處分。

35.8

六五：悔亡，失得勿恤〔1〕。往吉，无不利。

《象》曰：「失得勿恤」，往有慶也。

【注釋】

〔1〕恤：憂慮。

【譯文】

六五：悔恨消失，不必憂慮得失。勇往直前吉祥，沒有什麼不利。

《小象傳》說：「不必憂慮得失」，說明勇往直前必然會有吉慶。

【解說】

上爻互卦為坎，坎為加憂，為心病，故有「恤」之象。「六五」以陰爻居陽位不正，本來應當後悔，同時有得失之患；但「六五」又柔居尊位，處「離」卦之中，具有光明磊落的態度，加之下面大眾又服從（「坤」為大眾，為順從），如此便使想像中的後悔消失，前進吉祥，沒有什麼不利。

【智慧點津】此爻揭示晉升應光明磊落，勿患得患失。

【案例解讀】朱志宏：教書育人不計得失。據福建工程學院官網 2015 年 4 月 23 日載：朱志宏是該院機電系副教授，教書育人具有一種寬廣的胸懷和無私的情懷。為了幫助學院引進高層次人才，他主動讓出系主任的位置，讓出重大科研項目負責人的地位。不僅如此，他還積極培養青年教師人才，幫助他們迅速成長。從事教學和科研 30 多年來，雖然獲獎無數，但他說自己最大的收穫是能夠為產業發展出力。其高尚的人格和精湛的技藝，一直深受師生的尊敬和愛戴，這正是「往有慶，失得勿恤」的生動詮釋。

35.9

上九：晉其角〔1〕，維用伐邑〔2〕，厲吉无咎，貞吝。

《象》曰：「維用伐邑」，道未光也。

【注釋】

〔1〕角：牛、羊、鹿等頭上長出的堅硬的東西。

〔2〕邑：城邑。

【譯文】

上九：升進到了頂點，就像鑽進角尖。宜於征伐城邑，雖然危險，但最終還是吉祥，沒有什麼災禍。要堅守正道以防憾惜。

《小象傳》說：「宜於徵伐城邑」，說明晉升之道尚未發揚光大。

【解說】

周易爻辭以身體取象，上爻一般為首，角位於頭上，且堅硬無比。上卦為離，離為甲冑，為戈兵；下卦為坤，坤為國土，故有「伐邑」之象。「上九」剛強處晉極，已經到了進無可進的地步。所以，用動物最上的角來象徵。這種剛強適合討伐叛亂的城邑，雖然危險，但結果吉祥。不過，鎮壓叛亂，說明自己的王道之政不夠光明正大。

【智慧點津】此爻揭示晉極需自我克制，適可而止。

【案例解讀】「星空琴行」因盲目擴張致資金鏈斷裂而倒閉。據環球網 2017 年 11 月 27 日報導：近年來，教育培訓市場需求旺盛，受到眾多投資人的青睞，但在資本的熱捧下，不少培訓機構靠燒錢盲目擴張，最終導致資金鏈斷裂。全國鋼琴教學連鎖機構星空琴行就是其中的典型。它於 2012 年成立，曾經一度被視為行業的一匹黑馬，給素質教育培訓行業注入了新鮮血液，其門店覆蓋全國許多座城市。根據公開資料顯示，2013 年、2014 年、2015 年，經過一系列數千萬美元融資，它可謂「家底豐厚」，但這家公司卻走上了盲目擴張的道路。2015 年，星空琴行升級為「星空聯創」，打出了六藝學館、星空炫舞、藍姐姐、美麗直達等四個招牌，授課範圍除了鋼琴外，還增加了舞蹈、繪畫等藝術培訓。然而，一哄而上的市場不可避免存在泡沫，培訓機構融資後燒錢擴張，加上同質化競爭激烈，資金難以迅速回籠，導致該企業資金鏈斷裂，最終攜款「跑路」，人去樓空。這真是「晉其角，貞吝」的生動寫照。

36. 明夷卦第三十六——韜光養晦

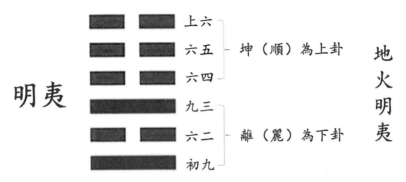

導讀：「黑夜給了我黑色的眼睛，我卻用它來尋找光明。」作為教育工作者，當身陷困境時，既要堅守自己的節操，又要順應時勢，保全自己，以待機謀求突破。

卦體下離上坤。離為日，為明，坤為地，為暗，有日入地中，光明受損之象。「夷」，本義指背弓帶箭之人，又通「痍」，創傷。卦義為光明熄滅、受傷，喻為晦藏其明。本卦闡釋黑暗時期韜光養晦的原則。

36.1

明夷：利艱貞[1]。

【注釋】

[1] 貞：守正。

【譯文】

《明夷》卦象徵光明隕落：有利於在艱難中堅守正道。

【解說】

「黑暗總會過去，黎明終會到來」。太陽落入地中，象徵光明、賢者被黑暗所遮蔽、創傷。此時，君子只有堅守正道，收斂鋒芒，隱忍自勵，韜光養晦才會有利。

36.2

《彖》曰：明入地中，「明夷」。內文明而外柔順[1]，以蒙大難，文王以之。「利艱貞」，晦其明也。內難而能正其志，箕子[2]以之。

【注釋】

〔1〕內文明而外柔順：指晉卦下（內）卦為離，為文明，上（外）卦為坤，為柔順。

〔2〕箕子：商朝暴君紂王的叔叔，因進諫不被採納而被囚禁。

【譯文】

《彖傳》說：太陽沒入地下，這就是「明夷」卦。君子內心明智而外現柔順，因此而蒙受大難，周文王就是這樣度過危難的。「有利於在艱難中堅守正道」，是說君子要隱藏他的光明。君子身陷磨難仍能端正自己的志向，箕子就是這樣做的。

36.3

《象》曰：明入地中，明夷。君子以蒞眾，用晦而明〔1〕。

【注釋】

〔1〕蒞：治理。

【譯文】

《大象傳》說：太陽落下地面，象徵著黑暗。君子效法此象，管理民眾，大智若愚，深藏智慧而不顯。

【解說】

太陽沒入地下，有光明被遮蔽之象。教育工作者從中得到啟示，教育或管理學生應當「難得糊塗」——聰明的糊塗，讓他們自主地合作探究，自己發現和改正錯誤，從而完成教育教學目標。

36.4

初九：明夷於飛，垂其翼。君子於行，三日不食〔1〕。有攸往，主人有言〔2〕。

《象》曰：「君子於行」，義不食也。

【注釋】

〔1〕三日：泛指多日。

〔2〕言：責怪。

【譯文】

　　初九：光明受損時飛翔，翅膀低垂。君子急於退避遠走，幾天都沒有吃飯。到了所去的地方，又受到主人的責備。

　　《小象傳》說：「君子急於退避遠走」，是因為「初九」堅持道義而不願再食這份俸祿。

【解說】

　　下卦為離，離為雉，故有飛鳥之象。「初九」處於明夷之初，象徵黑暗剛剛來臨。此時，他居離明之體，能夠洞察先機，及早抽身，像小鳥一樣垂下雙翼悄悄飛離險境；即使忍饑挨餓和遭受責怪，也毫不在乎。

【智慧點津】此爻揭示在黑暗初顯之時，君子應及時歸隱以自保。

【案例解讀】劉伯溫辭官歸鄉。「三分天下諸葛亮，一統江山劉伯溫。」眾所周知，劉伯溫作為朱元璋的軍師，為其開創大明王朝作出了巨大貢獻。然而，朱元璋在應天登基以後，外患已除，為了給自己的後世子孫掃清障礙，他大量屠戮功臣。劉伯溫敏銳把握時局，毅然辭官歸隱青田老家，以安身立命，實在是明智之舉。

36.5

　　六二：明夷，夷於左股〔1〕，用拯馬壯〔2〕，吉。
　　《象》曰：「六二」之「吉」，順以則也。

【注釋】

　　〔1〕股：大腿。
　　〔2〕拯：拯救。

【譯文】

　　六二：光明受到傷害，左腿受傷，如果能用強壯的馬拯救，可獲吉祥。

　　《小象傳》說：「六二」的「吉祥」，是因為它能柔順地順應事物發展的規律。

【解說】

上交互卦為震，震為馬，為壯，故說「用拯馬壯」。下交互卦為坎，坎為水，為平。「六二」上承「九三」，故言「順以則也」。「六二」負傷在左腿，右腿還可以行動，說明其所受傷害未及太深。然而，「六二」以陰爻居陰位，又在中位，具備柔順中正之德。當此明夷之時，昏君在上，他只要能夠堅守中正之道，對小人外示以柔，內守其志，就必然得到強壯的馬，迅速逃離險地，最終得吉。

【智慧點津】此爻揭示黑暗來臨，災難纏身之時，君子應柔順而中正以避禍。

【案例解讀】<u>周文王羑里 7 年終脫困</u>。姬昌（即後來的周文王）在商朝為西伯侯時，勤政愛民，積善行德，深受諸侯們的擁戴。姦臣崇侯虎害怕岐周強大，就在商紂王面前誣陷姬昌，說他收攬人心，對商朝不利。於是，紂王就把姬昌囚禁於羑里。在此期間，他並沒有退縮沉淪，而是潛心推演《周易》。同時，其屬下為了解救他，紛紛出謀劃策，準備美女、駿馬和奇珍異寶獻給紂王以示順服。最後，紂王大悅，便放心赦免了他，並授權他可以討伐不聽命的諸侯，這為後來武王伐紂滅商奠定了堅實的基礎。

36.6

九三：明夷於南狩〔1〕，得其大首〔2〕。不可疾，貞。
《象》曰：「南狩」之志，乃大得也。

【注釋】
〔1〕南狩：到南方巡狩征伐。
〔2〕大首：元兇。

【譯文】
九三：光明受傷時在南方巡狩征伐，抓獲罪魁禍首。此時不能操之過急，應當堅守正道。
《小象傳》說：君子到南方巡狩征伐的志向，有非常大的收穫。

【解說】

下卦為離，離為南方，為光明之位；又離為甲冑，為戈兵；上卦為坤，坤為大地，為黑暗，「上六」處於坤卦之極，為晦暗之元兇，故有「南狩，得其大首」之象。「九三」以陽爻居陽位，居於下卦離「明」之終，具有光明之德，但他與「上六」相應，象徵其被昏暗之主籠罩和壓制。為了剷除「上六」罪魁惡首，他必須明智隱忍，審時度勢，向南方征討，從而開創光明，成就濟世救國之功。

【智慧點津】此爻揭示突破黑暗，必須謹慎行動。

【案例解讀】<u>周武王牧野之戰滅紂王</u>。周武王九年，先到達盟津（今河南孟津）舉行閱兵。當時，不約而同前來會盟的諸侯有八百之多，此時周國已「三分天下有其二」。但周武王認為時機仍未成熟，又過了兩年，待商紂王日益昏亂暴虐，他才在牧野誓師伐紂，最後消滅商朝，建立周朝。

36.7

六四：入於左腹，獲明夷之心〔1〕，於出門庭。
《象》曰：「入於左腹」，獲心意也。

【注釋】

〔1〕明夷之心：傷害賢良、殘暴亂政的情狀。

【譯文】

六四：進入左方腹部，瞭解光明受損的內中情況，於是毅然跨出門遠走高飛。

《小象傳》說：「進入左方腹部」，是為了獲知光明受損的實情。

【解說】

若「六四」發生爻變，則下交互卦變為巽卦，巽為進入，它居上交互卦震之中，震為動，為出，為左。上卦為坤，坤為腹；又處下交互卦坎中，坎為心，即人們常說的「心坎」，故有「入於左腹，獲明夷之心」之象。「六四」以陰爻居陰位，柔順守正，又處陰霾之地，與「上六」昏君親近，能夠明白其真

實心意，以及傷害光明的原因，並因此做出離開家門的抉擇。

【智慧點津】此爻揭示一旦瞭解黑暗內幕後，應果斷迅速退避以自保。

【案例解讀】「微子去殷」的故事。據《史記》記載：微子，名啟，是殷商重臣，商紂王的哥哥。殷商末年，紂王驕奢淫逸、殘暴無道、殘害忠臣，統治搖搖欲墜。微子多次勸諫商紂王無效後，為避免殺身之禍，毅然逃到「微」地。公元前1046年，周武王攻滅商朝後，微子持商王室宗廟禮器投奔他。周武王深受感動，「復其位如故」。後來，周成王即位，又封他於宋，為宋國第一代國君。

36.8

六五：箕子之明夷，利貞〔1〕。
《象》曰：「箕子」之「貞」，明不可息也。

【注釋】
〔1〕貞：正。

【譯文】
六五：箕子在光明損傷時裝瘋賣傻，這樣做有利於堅守正道。
《小象傳》說：「箕子裝瘋賣傻堅守正道」，說明光明是不會熄滅的。

【解說】
《周易》中各卦以「五」為君位，而此卦以「上六」為君位，這是因為上體坤卦為昏暗之體，「上六」為昏暗之極，所以「五」為臣，而「上」為君。上卦為坤，「六五」處於坤中，又上接黑暗之君「上六」，故有深陷黑暗無法自拔之象。然而，「六五」柔順得中，能夠守持中道，雖身處險境，但內心仍然保持高尚的情操，以韜光養晦實現自己的志向。

【智慧點津】此爻揭示深陷黑暗，更應當堅持正義，不忘初心。

【案例解讀】箕子：內難而能正其志。箕子是商王文丁的兒子，紂王的叔叔，官至太師，素有賢名，被孔子稱為「仁人」。商朝末年，紂王荒淫無度，導致國政不堪。箕子多次勸諫無效後，他於是裝瘋賣傻，每天披頭散髮，胡亂吟

唱。紂王以為他受到刺激真的瘋了，就把他貶為奴隸不再追究。武王伐紂時，箕子趁亂逃走，到今晉城市陵川縣棋子山內隱居起來。為躲避武王及北方山戎族的南侵，他率領商朝遺老遺少五千餘人東遷，進入今朝鮮半島北部，創立了箕氏侯國，並得到了周朝的承認，史稱「箕子朝鮮」。箕子東遷，為朝鮮半島帶來相對先進的文明和生產生活方式。「政之所暢，道義存焉」，「以為九夷可居」，箕子在那裡建立東方君子國，其流風遺韻，千年猶存。

36.9

上六：不明，晦〔1〕。初登於天，後入於地。

《象》曰：「初登於天」，照四國也。「後入於地」，失則也。

【注釋】

〔1〕晦：陰暗。

【譯文】

上六：不發出光明反而帶來一片黑暗。起初升上天空，最終卻墜入地下。

《小象傳》說：「起初升上天空」，是說它的光明能夠普照四方各國。「最終卻墜入地下」，是說它已經違背了正道。

【解說】

上卦為坤，坤為大地，為黑暗，故有「晦」和「四國」之象。「上六」以陰爻居坤暗和明夷之極，是昏暗不明之君高高在上，而明者盡被其所傷之象。前面五爻都是明而晦，為始晦而終明；「上六」是不明晦，就是表面非常光明而內在晦暗到極點。

【智慧點津】此爻揭示違背正義，必定滅亡。

【案例解讀】<u>商紂王荒淫無道亡國</u>。商紂王剛即位時，勤於國政，開疆拓土，是一位有所作為的君主。但後來，他逐漸驕奢淫逸，寵信妲己，殘害忠良，橫征暴斂，營建朝歌，酒池肉林。由於種種倒行逆施，終致眾叛親離，人民怨聲載道。最後，武王發動牧野之戰將其擊敗，紂王走投無路，被迫自焚而死。「『初登於天』，照四國也。『後入於地』，失則也。」正是他一生的寫照。

37. 家人卦第三十七——愛校如家

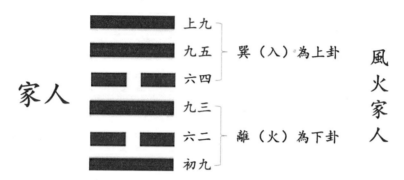

導讀:「積善之家,必有餘慶;積不善之家,必有餘殃。」作為教育工作者,只有寬嚴相濟,愛生如子,師生關係才能融洽,教學才能相長。

卦體下離上巽。巽為風,離為火,風火相生,似家人相依相成,有農家炊煙之象。卦形外卦「九五」陽爻和內卦「六二」陰爻,兩者都居中得正,似「男主外,女主內」,各守正道。「家」,本義是指蓄養生豬的穩定居所,卦義為一家之人。本卦闡述治家之道。

37.1

家人:利女貞〔1〕。

【注釋】

〔1〕貞:守正。

【譯文】

《家人》卦象徵家庭:利於女人守持正固。

【解說】

本卦上卦為巽,巽為長女,下卦為離,離為中女,以女人為主;又「六二」和「六四」兩陰各居正位,且都承陽有應,故卦辭說「利女貞」。卦辭特別強調,主婦在家庭中的重要性,因為女性一般柔順、內向,而且治家以內在為本。主婦正,則一家正。家庭正,延伸到家庭以外,必然也正。家庭成員之間各司其職,和睦相處,就會「身修而後家齊,家齊而後國治,國治而後天下平」。

37.2

《彖》曰:家人,女正位乎內,男正位乎外〔1〕。男女正,天地之大

義也。家人有嚴君焉，父母之謂也。父父、子子、兄兄、弟弟、夫夫、婦婦，而家道正。正家而天下定矣。

【注釋】

〔1〕女正位乎內，男正位乎外：指「六二」以陰爻居於陰位，在內卦，「九五」以陽爻居於陽位，在外卦。

【譯文】

《彖傳》說：家庭成員之中，女子應該料理內部事務，男子應該處理外部事務。男外女內，都能以正道各盡其責，這是天地陰陽的大道理。家庭中有嚴格的主人，指的就是父母。如果父有父樣，子有子樣，兄有兄樣，弟有弟樣，夫有夫樣，婦有婦樣，這樣家道就端正了。家道端正了，那麼天下也就安定了。

37.3

《象》曰：風自火出，家人。君子以言有物而行有恆〔1〕。

【注釋】

〔1〕物：依據。

【譯文】

《大象傳》說：烈火燃燒生成風，炊煙嫋嫋，象徵著燒火做飯的家庭。君子效法此象，體悟到說話要有事實的根據，行動要有恆定的準則。

【解說】

火燃燒導致熱氣上升，形成風。「風自火出」，社會風化也是由家庭氣氛生長出來的，因為家道會由內到外傳播。教育工作者從中得到啟示，感到說話要有實質內容，行動要有恆定的準則。

37.4

初九：閒有家〔1〕，悔亡。

《象》曰：「閒有家」，志未變也。

【注釋】

〔1〕閑：門栓，引申為防範。有：於。

【譯文】

初九：在家庭初建之時就防惡於萌，沒有悔恨。

《小象傳》說：「在家庭初建之時就防惡於萌」，是說應在家人心志尚未改變之時加以防範。

【解說】

若「初九」發生爻變，則下卦變為艮卦，艮為止，為門闕，故有「閑」之象。「初九」和「六四」正應，「六四」處下交互卦坎中，坎為心為志，故說「志未變也」。「初九」為治家之始，象徵家道剛剛確立。它以陽爻居陽位，處離明之初，剛明得正，因而在家庭中能夠建章立制，防患於未然，就不會有後悔的事情發生。

【智慧點津】此爻揭示治家之初貴在防患。

【案例解讀】桑棗中學加強安全預演。據《南方都市報》報導：四川安縣桑棗中學緊鄰北川。從 2005 年起，該校校長葉志平每學期都在全校組織一次緊急疏散演習，最快的一次，1000 名學生全部撤離只用了 46 秒。而在 5·12 地震中，這所學校 2400 多名師生全部從教室安全撤離到操場，僅用了 1 分 36 秒！並且井然有序，無一人傷亡！為此，他被人們親切地稱為「史上最牛校長」。「宜未雨而綢繆，勿臨渴而掘井」，由此可見一斑。

37.5

六二：無攸遂〔1〕，在中饋〔2〕，貞吉。

《象》曰：「六二」之「吉」，順以巽也〔3〕。

【注釋】

〔1〕無攸遂：不自作主張。

〔2〕中饋：家庭中的飲食之事。

〔3〕巽：同「遜」，謙遜。

【譯文】

六二：婦女不要自作主張，在家中料理好飲食起居就行，堅守正道吉祥。

《小象傳》說：「六二」的「吉祥」，是因為它柔順謙遜的緣故。

【解說】

下卦為離，離為火，下交互卦為坎，坎為水，火在水下，有烹飪之象，故言「中饋」。「六二」以陰爻居陰位，又處下卦之中，柔順中正，上應「九五」陽剛，有婦人順夫之象；而「九五」在上體巽卦中，故說「順以巽也」，即對「九五」柔順而溫遜。「六二」主婦合理料理飲食起居，恪盡職守，丈夫在外也無後顧之憂，自會使家中安樂和諧。

【智慧點津】此爻揭示主婦應柔順謙遜，料理好家務。

【案例解讀】賢妻良母新垣結衣。在電視劇《逃跑雖可恥但有用》裏面，新垣結衣就出演了一位溫柔、賢惠、體貼的全職主婦。她上得廳堂，下得廚房，平時把家裏打掃得乾乾淨淨，還對男主人畢恭畢敬，把他照顧得無微不至。隨著社會的進步與分工不同，「男主外，女主內」的落後觀念已經被打破。個人認為，男人應主動承擔一些家務，既可以調節家庭氛圍，又可以增進夫妻之間的感情。

37.6

九三：家人嗃嗃（hè）〔1〕，悔厲，吉。婦子嘻嘻，終吝〔2〕。

《象》曰：「家人嗃嗃」，未失也。「婦子嘻嘻」，失家節也。

【注釋】

〔1〕嗃嗃：嚴厲叱責聲，比喻治家嚴厲。

〔2〕吝：麻煩。

【譯文】

九三：若對家人要求嚴格，儘管有所悔恨和危險，仍可獲得吉祥。妻子和孩子整天嘻嘻哈哈，最終會帶來許多麻煩。

《小象傳》說：「對家人要求嚴格」，說明並未失去治家之道。「妻子和孩

子整天嘻嘻哈哈」，則有失家中禮節。

【解說】

上交互卦為離，離為火，引申為發怒，又為目。下交互卦為坎，坎為水，為淚，淚從眼睛裏流出，故有「家長發威和家人哭泣」之象。若「九三」發生爻變，則下交互卦坎變為坤，坤為母。下卦為震卦，震為長子。上交互卦為艮卦，艮為少男。家人卦的下交互卦為坎卦，坎為中男，所以又有「婦子」之象。「九三」以陽爻居陽位，過剛不中，治家過於嚴厲，難免會滋生怨恨，有損天倫之樂，但結果還是吉祥。相反，如果治家過於寬鬆，妻子兒女整天嘻嘻哈哈，最後就會「孝慈衰，法度廢，無長幼尊卑之序」。所以，治家寧可過於嚴厲，不可過於鬆懈。

【智慧點津】此爻揭示治家寧嚴勿寬。

【案例解讀】梁啟超嚴格教子。梁啟超，字卓如，號任公，又號飲冰室主人，中國近代思想家、教育家。他從小在子女的學習和做人方面要求很「嚴」。如，他讓子女們每天臨習字帖；學習《論語》《左傳》《古文觀止》等，擇其重點誦讀和背誦；寫作文時須用毛筆小楷交作業……正是在這樣嚴格的教育下，以梁思成、梁思永、梁思禮三院士為代表，梁家9個子女個個成才，留下了「一家三院士，滿門皆才俊」的佳話。反觀當下，許多家長寵溺子女，「婦子嘻嘻，失家節」，禍患無窮。

37.7

六四：富家，大吉。

《象》曰：「富家，大吉」，順在位也〔1〕。

【注釋】

〔1〕順在位：「六四」居於「九五」之下，是順從的象徵；「六四」又是以陰爻之身居陰位，是「在位」（當位），所以說「順在位」。

【譯文】

六四：使家庭富裕，非常吉祥。

《小象傳》說：「使家庭富裕，非常吉祥」，這是因為「六四」柔順而得位。

【解說】

上卦為巽，巽為風，為近利市三倍，故有「富家」之象。「六四」以陰爻居陰位得正，上承「九五」，下應「初九」，又在外卦「巽」順裏，能夠謙遜順從於家長，是一個賢惠的主婦。她順從本分勤儉持家，善於打理家務，當然會使家庭日漸富裕，所以大吉。

【智慧點津】此爻揭示治家應順從本分，讓家庭富裕。

【案例解讀】<u>黃金水夫婦勤儉持家</u>。據南昌高新區 2017 年「最美家庭」評選活動揭曉，黃金水家庭榮獲 5 戶「勤儉持家家庭」之一。他的家庭倡導科學理財、合理消費、勤儉節約的生活方式。黃金水夫婦多年來相濡以沫，共同克服生活中的各種困難，營造了家庭的幸福和美滿。「歷覽前賢國與家，成由勤儉破由奢」，這就是「富家，大吉，順在位」的道理。

37.8

九五：王假有家〔1〕，勿恤，吉〔2〕。
《象》曰：「王假有家」，交相愛也。

【注釋】

〔1〕假：通「格」，至，達到。有：虛詞，無意義。

〔2〕恤：憂慮。

【譯文】

九五：君王來到家裏，不必憂慮，吉祥。

《小象傳》說：「君王來到家裏」，是說一家人應相互親愛和睦。

【解說】

下交互卦為坎，坎為加憂，為心病，此爻在坎之外，故有「勿恤」之象。「王假有家」，指「九五」君王把治家之道發揚到極善。「九五」以陽爻居陽位，剛健中正，又與內卦柔順中正的「六二」相應，象徵夫婦、君臣無憂無慮地相親相愛。「九五」居尊履正，為一家之主，它以剛中之德治家，寬嚴相濟，

以身作則，發揚家道到至善至美，使家人各司其責，其樂融融，沒有任何憂慮。自古君王之道，「身修而後家齊，家齊而後國治，國治而後天下平」，否則，臣民不服，天下大亂。

【智慧點津】此爻揭示治家應當和睦互愛。

【案例解讀】斯霞愛灑杏壇育桃李。斯霞生前是南京市小學語文特級教師，畢生從事小學教育教學工作，被譽為「中國的蘇霍姆林斯基」「小學教育界的梅蘭芳」，並以童心母愛著稱於教育界。她的床學生們睡過，她的衣服學生們穿過⋯⋯她曾說：「我愛學校，我喜歡孩子，和他們在一起，我感到自己永遠年輕。」「我為一輩子做小學教師而自豪。」而學生們也都樂意圍在她的周圍，時常和她交心談心，在「交相愛」中，「親其師，信其道」。

37.9

上九：有孚威如〔1〕，終吉。
《象》曰：「威如」之「吉」，反身之謂也〔2〕。

【注釋】
〔1〕孚：誠信。如：語尾助詞，⋯⋯的樣子。
〔2〕反身：反省自己。

【譯文】
上九：治家誠信而有威嚴，最終吉祥。
《小象傳》說：「有威信」的「吉祥」，這是說「上九」能夠反省自己。

【解說】
「上九」以陽剛處全卦最上位，象徵一家之主的家長，最有威嚴。它所揭示的是治家的久遠法則——誠信和威嚴。家長如果不講誠信，就會使家人褻瀆散漫，一盤散沙。反之，如果嚴於律己，以身作則，以誠信治家，就會讓家人中規中矩，一心向善，從而家道興隆，終獲吉祥。

【智慧點津】此爻揭示誠信與威嚴為治家之本。

【案例解讀】范仲淹：教子戒奢維家風。范仲淹出生在蘇州吳縣一個貧苦的家庭。早年清貧的生活，使他養成了節儉樸素的良好習慣。他一生節儉持家，清廉為官，樹立了「儉廉恕德」的范氏門風，堪稱歷代家族門風之典範。對於儉約之風，他以身作則，始終將儉作為持家修德之首，時常告誡諸子：「吾所最恨者，忍令若曹饗富貴之樂也。」有一次，他的次子范純仁娶妻時，想要辦得風光些，於是列了一張購買金銀首飾和綾羅綢緞的清單，託大哥范純祐進京把自己的打算告訴父親。范仲淹看後，當即嚴厲訓斥。最後，兒子的婚禮辦得簡樸而實在，不僅維護了其家風，同僚們也從中受到很大教育。

38. 睽卦第三十八——異中求同

導讀：每一個孩子都是獨一無二的存在，每一個學生都是潛在的天才。作為教育工作者，要因材施教，尊重學生個性，促進學生的全面發展。

卦體下兌上離。離為火，兌為澤，火動向上，澤潤向下，有背道而馳之象。「睽」，本義是指兩眼不看一個地方，引申為乖離，背離。本卦闡釋求同存異，化分為合之道。

38.1

睽：小事〔1〕吉。

【注釋】

〔1〕小事：古代以戰爭和祭祀為大事，其餘如行旅等均為小事。

【譯文】

《睽》卦象徵背離：做小事還是可獲吉祥。

【解說】

「萬物莫不相異」，人情反覆無常，在此情景下，只適宜小心柔順做小事，才可以獲得吉祥。本卦內卦「兌」為悅，外卦「離」為明，「六五」和「九二」彼此居中相應，象徵柔中明君得到剛中賢臣喜悅地輔佐，所以雖然不能夠大有作為，但仍然可以「小事吉」。

38.2

《彖》曰：睽，火動而上，澤動而下〔1〕。二女同居，其志不同行〔2〕。說而麗乎明〔3〕，柔進而上行，得中而應乎剛〔4〕，是以「小事吉」。天地睽而其事同也，男女睽而其志通也，萬物睽而其事類也。睽之時用大矣哉！

【注釋】

〔1〕火動而上，澤動而下：指上卦離為火，下卦兌為澤。
〔2〕二女同居，其志不同行：離為中女，兌為少女；離火往上竄，澤水朝下流。
〔3〕說而麗乎明：睽卦下卦為兌，為說，「說」通「悅」；上卦為離，為麗，為明，故言「說而麗乎明」。
〔4〕柔進而上行，得中而應乎剛：「六三」從第三爻進到第五爻「六五」。「六五」居於上卦之中，並且和「九二」相應。

【譯文】

《彖傳》說：背離，如同火苗向上竄，澤水往下流。本卦上卦「離」為中女，下卦「兌」為少女，兩個女兒同住在一個家裏，心思在嫁給不同的婆家。又「兌」澤為喜悅，「離」火為光明，像臣子和悅地依附於英明之君，柔順地上進，「六五」位尊居中而有「九二」剛中之臣輔佐，所以說「做小事吉祥」。天上地下陰陽背離，但同做化育萬物的事，男女性別不同，但交感求合的心願相通，萬物形態各異，但他們生長發育的情況是相似的。睽卦蘊含的異中求同的功用真是太偉大了！

38.3

《象》曰：上火下澤，睽。君子以同而異〔1〕。

【注釋】

〔1〕同：綜合同類。異：析別異類。

【譯文】

《大象傳》說：烈火向上燃燒，澤水向下滲透，象徵著背離。君子效法此象，求大同而存小異。

【解說】

離火向上燃燒，兌澤向下匯聚，水火背道而馳，有上下乖離之象。教育工作者從中得到啟示，教育教學應以學生為主體，尊重學生個性，因材施教，求同存異，努力促進學生的全面發展。

38.4

初九：悔亡〔1〕。喪馬勿逐，自復。見惡人〔2〕，无咎。

《象》曰：「見惡人」，以辟咎也〔3〕。

【注釋】

〔1〕亡：消失。

〔2〕惡人：指和自己對立敵視之人。

〔3〕辟：通「避」，避免。

【譯文】

初九：悔恨消失。跑掉的馬不必追尋，它自己會回來。接見同自己對立敵視的人，以禮相待，沒有災禍。

《小象傳》說：「接見同自己相對立敵視的人」，通過彼此溝通，可以躲避災禍。

【解說】

上交互卦為坎，坎為美脊馬，為盜；下交互卦為離，離為目，為見，故有「喪馬」和「見惡人」之象。「初九」以陽爻居陽位，剛猛好動，本應有悔。然而，它和「九四」同性相斥，如同遇見「惡人」，不能相互應援，所以能避免過錯，使悔恨消失。不過，「初九」當位得正，又處睽卦之始，與人之間的

衝突尚淺，即便心中有悔，也很快會煙消雲散；就像喪失的馬，不必去追逐，它自己就會回來。失馬越追越遠，小人越激越怒，所以，為了避免災禍，必須對「惡人」謙遜平和，從容以禮相待，才能「无咎」。

【智慧點津】此爻揭示處睽之初應冷靜從容，以禮相待。

【案例解讀】<u>劉暖祥巧妙處理學生打破玻璃事件</u>。據齊魯網 2013 年 12 月 9 日載：劉暖祥是濟南一中化學教師，山東省優秀教師，全國優秀班主任，管理班級經驗豐富。有一次，教室的一塊玻璃不知被誰打破了，班幹部問了好多人都沒有人承認，為此他專門召開了班會。班會上他拿出 10 元錢，對全班同學說：「我不想追究這塊玻璃是誰打破的，這位同學可能不是故意的，但作為一名學生，誠實是第一位的。我替你賠 10 元錢給學校，先盡快安上玻璃，因為天氣比較冷，我怕大家生病，影響學習。」第二天，他發現講臺上放著 10 元錢和一張道歉的紙條，他馬上對此事進行了表揚。這真是「喪馬勿逐，自復，見惡人，无咎」的生動注解。

38.5

九二：遇主於巷〔1〕，无咎。
《象》曰：「遇主於巷」，未失道也。

【注釋】
〔1〕主：主人，指「六五」。

【譯文】
九二：在小巷中碰見主人，沒有災禍。
《小象傳》說：「在小巷中碰見主人」，並沒有違背正道。

【解說】
上卦為離卦，離卦中空外實，有里巷之象。「九二」剛中之臣以陽爻居陰位，「六五」柔弱之君以陰爻居陽位，兩爻都相應且居位不正，所以說「遇主於巷」。但兩爻都居中，能安守中正，賢臣明君本來應當會合，但在背離的時局下，不是在大道，而是在小巷中碰到，雖如此並沒有違背正道，所以說「无咎」。

【智慧點津】此爻揭示異中求同「曲則成」。

【案例解讀】<u>深圳市教育局局長「微服私訪」</u>。據騰訊網 2020 年 4 月 29 日載：經過兩個多月居家學習的廣大高三和初三學子，終於迎來返校上課的第一天。當天上午 8：15，位於福田區澤田 8 號的深圳高級中學集團中心校區校門口，送孩子返校的車輛有序排隊，門口保安組織學生測溫入校，物業公司工作人員為學生搬運行李，片區民警在路口疏散交通，社區三人工作組成員也主動協助維持秩序，校領導帶領社區中層幹部在門口迎接學生，忙而不亂，井然有序。此時，市教育局黨組書記、局長陳秋明同志不打招呼、不帶陪同，悄悄來到該校視察學生返校情況。見此情景，他不由得欣慰地笑了，這正是「遇主於巷，未失道也」的生動注解。

38.6

六三：見輿曳〔1〕，其牛掣〔2〕，其人天且劓（yì）〔3〕，无初有終。

《象》曰：「見輿曳」，位不當也；「无初有終」，遇剛也。

【注釋】

〔1〕曳：拖拉。

〔2〕掣：牽制。

〔3〕天：古代一種在額上刺字的刑罰。劓：古代一種割鼻的刑罰。這裡指車夫面部受傷。

【譯文】

六三：看見大車被拖拉難行，駕車的牛被牽制不進，車夫額頭、鼻子都受了傷，起初困難從從，但最後能達到目的。

《小象傳》說：「看見大車被拖拉難行」，是因為「六三」居位不當。「起初困難從從，但最後能達到目的」，是因為有剛強的「上九」相應。

【解說】

下卦為兌卦，兌為毀折。上卦為離，離為牛，為見。上爻互卦為坎，坎為險阻，為破車。若「六三」發生爻變，則下卦變為乾卦，乾為天，故有爻辭諸象。「六三」與「上九」相應前往，但前後受到剛爻的牽制，就像自己的車，

後方被「九二」拖住，車前拉車的牛，又被「九四」阻止，因而使「六三」與「上九」背離。「六三」以陰爻居陽位失正，本身陰柔，自己的車牛受阻，舉步維艱，進退兩難，就像遭受刺額、削鼻一樣痛苦不堪。但「六三」畢竟和「上九」相應，只要它能以柔順和悅的心態，雖然始受「九二」和「九四」所阻，但最終兩者終由睽乖對立走向合和統一，所以是「无初有終」。

【智慧點津】此爻揭示異中求同應不屈不饒，始難終合。

【案例解讀】居里夫人發現「鐳」。瑪麗·居里，世稱「居里夫人」，她是法國著名波蘭裔科學家、物理學家、化學家，兩次獲得諾貝爾獎。1897 年，她選定了自己的研究課題——對放射性物質的研究。她將上千公斤瀝青礦殘渣一鍋鍋煮沸，經過三年多的反覆工作，無數次實驗，最終成功地分離並發現了放射性元素鐳，為人類作出了巨大的貢獻。

38.7

　九四：睽孤，遇元夫〔1〕，交孚〔2〕，厲无咎〔3〕。
　《象》曰：「交孚，无咎」，志行也。

【注釋】

〔1〕元夫：大丈夫，指「初九」。

〔2〕交孚：互信。

〔3〕厲：危險。

【譯文】

　　九四：在背離、孤獨之時與陽剛大丈夫遇合，彼此以誠相待，雖有危險，終無災禍。

　　《小象傳》說：「彼此以誠相待，終無災禍」，說明能實現自己的願望。

【解說】

　　「初九」以陽爻處於一卦之始，故言「元夫」。「九四」上下皆為陰爻，且與「初九」敵應，故有「睽孤」之象。上卦為離，下爻互卦為離，兩離相連，離為火，為明，內心光明代表誠信，故有「交孚」之象。上爻互卦為坎，坎為

險，故說「厲」，坎又為心志，即人們常說的「心坎」，交孚則志願得以施行。「九四」以陽爻居陰位雖然失中不正，但如果它能真誠地對待同樣具備陽剛之德的「初九」大丈夫，相互信任，行事謹慎，就能夠共同匡正時弊，即或有危險，最後仍會「无咎」。

【智慧點津】此爻揭示互信是異中求同的根本。

【案例解讀】<u>唐太宗「縱囚歸獄」</u>。據《新唐書·刑法志》記載：貞觀六年（632）歲末，年關在即，唐太宗李世民在視察關押死刑犯的監獄時，看著他們非常可憐，於是下旨，讓他們可以出獄回家看望妻兒，但約定明年秋天必須自行返回長安就刑。到了第二年九月，這 390 名死囚竟然沒有一個人跑掉，全部如數返回京師。太宗見他們如此信守承諾，非常感動，當天就下令將他們全部赦免。「交孚，厲无咎」，由此可見唐太宗不失為千古明君。

38.8

六五：悔亡。厥宗噬膚〔1〕，往何咎？
《象》曰：「厥宗噬膚」，往有慶也。

【注釋】
〔1〕厥：其。宗：宗親，這裡是指「九二」。膚：柔軟容易咬食的肉。

【譯文】
六五：悔恨消失，與其宗族親者之關係如咬肉一般和順，往前行走哪會有什麼災禍呢？
《小象傳》說：「與其宗族親者之關係如咬肉一般和順」，說明往前必有喜慶。

【解說】
「九二」和「六五」相應，「九二」以「六五」為「主」，「六五」以「九二」為「宗」；下卦為兌卦，兌為口，故有「厥宗噬膚」之象。「六五」以陰爻居陽位，柔弱不正，卻身在尊貴的君位，當然會後悔。不過，「六五」與「九二」陰陽相應，可以得到應援，使後悔消除。兩者關係密切，如宗族咬肉一般

和順。臣尊其君，君親其臣，上下志同道合，共同剷除阻礙「六三」，達成會合，所以說，前往會有吉慶。

【智慧點津】此爻揭示乖離即將走向和同，和同是一種趨勢。

【案例解讀】張澤淮用「愛、信和賞識」轉化「學困生」。據《中學生作文》2013 年 11 月 5 日《用「愛、信和賞識」轉化學困生》一文載：羅進國是其任教班級裏的一名學困生，其父母離異，加之該生性格內向散漫，又沉迷於電子遊戲，學習成績很差，經常遲到和不交作業，甚至多次曠課，學習興趣很低。得知這一情況後，張澤淮便經常和他交心談心，瞭解他的思想、生活和喜怒哀樂，讓他克服了自卑感，樹立起了信心。此外，在教學中張澤淮常有意創設情境，預設羅進國能解決的問題，鼓勵他獨立思考解答，對他的作業量和難度適當地降低要求。同時，對於羅進國的點滴進步，給予及時鼓勵，讓他逐漸體驗到學習的快樂。經過一個學期的努力，他進步很快，學習成績也直線上升，真可謂「厥宗噬膚，往有慶也」。

38.9

上九：睽孤，見豕負塗〔1〕，載鬼一車，先張之弧，後說之弧〔2〕，匪寇婚媾（gòu），往遇雨則吉。

《象》曰：「遇雨」之「吉」，群疑亡也。

【注釋】

〔1〕負塗：背泥。

〔2〕說：脫。弧：弓。

【譯文】

上九：背離、孤獨之時，看見一頭豬全身沾滿泥巴，一輛大車滿載鬼怪，先是張弓欲射，後又把它放下。原來不是盜寇，而是求婚者，往前走遇雨吉祥。

《小象傳》說：「遇雨」的「吉祥」，說明各種疑慮都已消失。

【解說】

上卦為離卦，離為目，為見，為明。上交互卦為坎，坎為豬，為泥，為鬼，為弓箭，為強盜。下卦為兌卦，兌為澤，為說，通「脫」，故有爻辭諸象。「上九」以陽爻居陰位失正，處於睽卦和「離」體之極，因而猜疑至極，過於明察秋毫而剛愎不明，以致孤立無援，產生各種離奇異象。其與下卦的「六三」相應，就誤認為它就像陷在泥淖中的豬，裝載一車可怕的鬼。起先張弓要射，後來又猶豫將弓箭放下。不過，由於「六三」本來與「上九」相應，它面對艱險，終能柔順和悅，以真誠待之。「路遙知馬力，日久見人心」，「上九」看清「六三」並非強盜而是來合作的，終於陰陽相合冰釋猜疑；猶如「兌」澤洗去了泥污，真相大白，變為吉祥。

【智慧點津】此爻揭示求同貴在消除可怕的猜疑。

【案例解讀】<u>從劍拔弩張到冰釋前嫌</u>。據《檢察日報》2018年1月5日報導：2017年6月6日，王小軍與同學陳某同在開福區某舞蹈培訓部學習跳舞時，因瑣事發生口角，王小軍一氣之下朝陳某的鼻樑擊了一掌。後經司法鑒定，陳某的鼻樑骨折為輕傷二級。案發後，兩家劍拔弩張，形同水火，因民事賠償部分未能調處成功，公安機關將案件提請至該區檢察院批准逮捕。同年11月21日，承辦檢察官黃淑元約雙方見面，傾聽了二人的想法，並且進行釋法說理。在黃淑元的努力引導下，最終雙方冰釋前嫌，達成和解，由王小軍一次性付給陳某經濟賠償6萬元，陳某也當場出具了諒解意見書，並請求司法機關對王小軍從輕處理。最終，開福區檢察院依法對犯罪嫌疑人王小軍作出了不批捕的決定，至此，5個多月來積壓於兩個家庭心理上的「冰塊」漸漸得以融解。

39. 蹇（jiǎn）卦第三十九──匡濟艱險

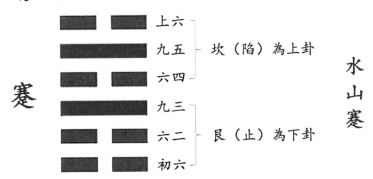

導讀:「行有不得者,皆反求諸己,其身正而天下歸之。」面對前進路上的各種困難,作為教育工作者,應堅持眼睛向內,反躬自省,三省吾身,多從自身找原因、查不足。

卦體下艮上坎。坎為陷、為險,艮為止,有險難在前,止而不進之象;又坎為水,艮為山,山高水深,困難重重。「蹇」,本義是跛足,引申為行走困難;卦義為艱險。本卦闡釋排除艱險時,既要見險知止又要適時而進的道理。

39.1

蹇:利西南,不利東北。利見大人〔1〕,貞吉。

【注釋】

〔1〕大人:指德高望重的人。這裡指「九五」之君。

【譯文】

《蹇》卦象徵行走艱難:往西南方走有利,朝東北方不利。有利於出現偉大的人物,堅守正道吉祥。

【解說】

坤卦在西南,代表平順;艮卦在東北,代表山路難走,所以說:「利西南,不利東北」。人處「蹇」難,堅守正道尤為重要,只有不失操守的偉大人物,才能得救。

39.2

《彖》曰:蹇,難也,險在前也。見險而能止〔1〕,知〔2〕矣哉!蹇,「利西南」,往得中也。「不利東北」,其道窮也。「利見大人」,往有功也。當位「貞吉」,以正邦也。蹇之時用大矣哉!

【注釋】

〔1〕見險而能止:蹇卦上卦為坎,為險;下卦為艮,為山,故言「見險而能止」。
〔2〕知:通「智」,智慧。

【譯文】

《彖傳》說:蹇,就是艱難,危險在前。遇見險境而能止步,這是很明智的啊!艱難之時,「利於走西南」,因為西南是坤方,坤為地,地是平坦的,所以前往是合乎正道的。「不利於走東北」,因為東北為艮方,艮為山,山路崎

崛，因而行此路死路一條。「有利於出現偉大的人物」，是說前往必能建功。「九五」和「六二」君臣均中正當位，「守正吉祥」，自然可以安邦定國。蹇卦的這種見險而止，待時而動的哲理，真是太偉大了！

39.3

《象》曰：山上有水，蹇。君子以反身修德〔1〕。

【注釋】

〔1〕反身：反省自我。

【譯文】

《大象傳》說：高山上有積水，象徵著艱難險阻。君子效法此象，要反省自我，修養道德，從而渡過困境。

【解說】

高山上布滿積水，山高水深，有艱險之象。教育工作者從中得到啟示，遇到困境，要多從自身找原因，努力提高自身素質，從而渡過難關。

39.4

初六：往蹇，來譽〔1〕。

《象》曰：「往蹇，來譽」，宜待也。

【注釋】

〔1〕來：歸來。譽：讚譽。

【譯文】

初六：往前進發艱險，歸來將會獲得讚譽。

《小象傳》說：「往前進發艱險，歸來將會獲得讚譽」，是說應該等待時機。

【解說】

「初六」是蹇卦的初始之爻，以陰爻居陽位，柔弱不正，又與上卦的「六四」陰陰敵應，此時，若貿然前進，必將陷入上卦「坎」的危險中。所幸它能涉難未深而返，修身養德，以靜待時機，自然會得到讚譽。

【智慧點津】此爻揭示不可輕率冒險，力量不足，則退而待機。

【案例解讀】<u>高先生「黃河石林百公里越野賽」退賽獲幸存</u>。據《楚天都市報》2021年5月24日報導：5月22日舉行的甘肅白銀黃河石林山地馬拉松百公里越野賽，演變成一場21人遇難的慘劇。據多名幸存者講述，事發的CP2至CP3賽段，是整個越野賽場地最險峻、難度最大的賽段，也是人員死亡最慘烈的賽段。事發後，一名參賽者高先生撰文寫道，他在經過CP2賽段後迎著逆風，風力已達到7、8級，他在爬升過程中感到體溫越來越低，感覺再往上走失溫會更嚴重，他決定退賽下山，因此幸存。

39.5

六二：王臣蹇蹇，匪躬之故〔1〕。

《象》曰：「王臣蹇蹇」，終無尤也〔2〕。

【注釋】

〔1〕匪躬：不是自身。匪，同「非」。躬，自身。

〔2〕尤：過失。

【譯文】

六二：君王的臣子為國歷盡艱難，並不是為了自身私利。

《小象傳》說：「君王的臣子為國歷盡艱難」，最終沒有過錯。

【解說】

「九五」為王，在上坎中，「六二」為臣，在下交互卦坎中，兩者都身陷險境，所以有「王臣蹇蹇」之象。「九五」乃濟蹇之君，「六二」乃濟蹇之臣，兩者中正相應。但「六二」之臣以陰爻居於陰位得正，忠心耿耿，為了匡救王室，雖赴湯蹈火，也在所不辭，當然，最終也沒有過錯。

【智慧點津】此爻揭示當深陷危難時，應視死如歸無怨無悔。

【案例解讀】<u>涼山老師帶33名學生路遇泥石流成功避險</u>。據封面新聞2021年9月3日報導：8月27日，涼山州鹽源縣梅子坪鎮梅子坪村發生泥石流。當時，鹽源縣梅子坪鎮梅子坪村的30餘名學生，在村幹部、隨行的教師、20

多名家長的帶領下，正欲通過該處時，先後發生了三小股泥石流。危急時刻，何曉明老師奮不顧身指揮孩子們向泥石流垂直方向兩側躲避，並把他們疏散到百米外的地方。將近一個小時後，這裡發生了更大規模的泥石流，但此時，大家都處於非常安全的地帶，被央視網稱為「教科書式避險」。

39.6

九三：往蹇，來反〔1〕。

《象》曰：「往蹇，來反」，內喜之也〔2〕。

【注釋】

〔1〕反：同「返」。

〔2〕內：下卦的二個陰爻。

【譯文】

九三：往前行走艱難，歸來返回原地。

《小象傳》說：「往前行走艱難，歸來返回原地」，這樣內部的二陰爻因有依靠而喜悅。

【解說】

「九三」以陽爻居陽位得正，是下卦的骨乾和兩個陰爻的依靠；其一心想要升進，然上臨坎險，雖與「上六」相應，可是，「上六」柔弱無力，並不能施與援助；但如果能審時度勢，知難而返，就會得到內卦的兩個陰爻的稱讚，讓彼此都很喜悅。

【智慧點津】此爻揭示面臨艱險，應以退為進，自保以待機而動。

【案例解讀】劉備敗死白帝城。公元 221 年，劉備為報吳奪取荊州和關羽被殺之仇，不聽諸葛亮、趙雲等人勸告，一意孤行率領大軍攻打東吳。吳將陸遜為避其鋒芒，堅守不戰，雙方形成對峙之勢。蜀軍遠征，後勤補給困難，加之入夏以後天氣炎熱，士氣低落。劉備為舒緩軍士酷熱之苦，命令蜀軍在山林中安營紮寨以避暑熱。陸遜瞄準時機，吩咐士兵每人帶一把茅草，到達蜀軍營壘時邊放火邊猛攻。火勢迅速在各營蔓延，蜀軍大亂，被吳軍連破四十餘營，元氣大傷。劉備只好帶領殘兵敗將逃入白帝城，不久憂憤交加而死。

39.7

六四：往蹇，來連〔1〕。

《象》曰：「往蹇，來連」，當位實也〔2〕。

【注釋】

〔1〕連：接連。

〔2〕實：充實，富足。

【譯文】

六四：往前行走艱難，歸來又困難重重。

《小象傳》說：「往前行走艱難，歸來又困難重重」，說明「六四」正當堅實之位。

【解說】

「六四」上下都是陽爻，陽為實，上下的「九三」和「九五」都是陽爻居陽位，所以說「當位實也」。「六四」居上下兩「坎」之間，進退兩難，自身當位又柔弱無應，只有與下面的近鄰「九三」志同道合，才能解救危難。

【智慧點津】此爻揭示冒險犯難，應當合力共同突破。

【案例解讀】眾人合力相救溺水男童。據安徽公共頻道——新聞故事會 2019 年 9 月 5 日報導：某位男童在河邊玩耍，不慎掉入水中。幾位熱心人先後跳入水中，根據岸邊目擊者指點的方向，扎猛子，從男童沉下去的地方將他拉起。眾人合力將男童救上岸，當時男童已經昏迷，失去了意識，大家第一時間輪流為他做心肺復蘇和人工呼吸，很快「120」趕到現場，將孩子送往醫院搶救。由於搶救及時，目前男童已無大礙。

39.8

九五：大蹇，朋來。

《象》曰：「大蹇，朋來」，以中節也〔1〕。

【注釋】

〔1〕中節：中正的節操。

【譯文】

九五：處境極為艱難，卻有朋友前來相助。

《小象傳》說：「處境極為艱難，卻有朋友前來相助」，這是由於「九五」堅守中正的節操。

【解說】

「九五」在君位，居蹇卦上體坎險的正中央，形勢非常艱難，故說「大蹇」。此爻發生爻變，則上卦變為坤卦，坤為大眾，所以說「朋來」。「九五」為濟蹇的統帥，雖然陷入泥潭，不過，其剛健中正，德行昭然，必定會有中正的賢臣「六二」，前來相救，共同力挽狂瀾。

【智慧點津】此爻揭示領導者中正可以獲助，脫離蹇難。

【案例解讀】5·12汶川地震。2008年5月12日，四川省汶川縣發生了8級強烈地震，襲擊了大半個中國，給災區的同胞造成了巨大的創傷和痛苦，震撼著每個人的心靈。黨中央、國務院第一時間啟動抗震救災應急救援機制，廣大軍民、醫護人員立即投入第一線日夜奮戰，與時間賽跑。災後，社會各界人士紛紛捐款、捐物，提供心理諮詢、對口幫扶等，幫助受災群眾共渡難關，盡快恢復生產，重建家園。「大蹇，朋來」，「一方有難，八方支持」，如今，汶川災區各方面均已舊貌換新顏。

39.9

上六：往蹇，來碩〔1〕，吉。利見大人。

《象》曰：「往蹇，來碩」，志在內也。「利見大人」，以從貴也。

【注釋】

〔1〕來碩：謂下應「九三」。碩，大。

【譯文】

上六：往前進發艱難，歸來可建大功，吉祥。有利於出現偉大的人物。

《小象傳》說：「往前進發艱難，歸來可建大功」，說明「上六」的志向在聯合內部的各種力量共同濟蹇。「有利於出現偉大的人物」，說明「上六」應當歸順尊貴的君主。

【解說】

「上六」與下卦的「九三」有正應，「九三」是下卦艮卦的主爻，陽爻為大，為碩，艮為果實，所以說「來碩」和「志在內也」。「大人」和「貴」，指剛健居於尊貴的「九五」。「上六」以陰爻居於陰位，自身柔弱無力，難以濟蹇；又居於蹇卦終極之地，繼續前行必然窮途末路，所以說「往蹇」。然而，「上六」要想出險，只有回頭依靠「九三」，合力輔佐「九五」大人，才能共濟時艱，建立碩大之功，所以爻辭說「吉，利見大人」。

【智慧點津】此爻揭示克服險難，應當依靠賢能。

【案例解讀】大學生聽從建議「空杯」就業。據報導，某大學生從一所著名大學畢業後，一直自命不凡，就業期望值又高，結果四處碰壁，很久都沒有落實工作單位。後來，在朋友的勸告下，他認為應該有一種「空杯心態」，不管肚子裏有多少墨水，先倒掉，把自己當成一隻空的杯子。於是，他找了一份工作，並從基層做起。複印、傳真、接打電話……這些很瑣碎的事情，他都抱著認真的態度去做。老闆看在眼裏，非常賞識他，兩年後，就把他從基層員工提拔為部門業務主管。這位朋友可謂「大人」，他的成長經歷實乃「往蹇，來碩，吉。利見大人」。

40. 解卦第四十——解放身心

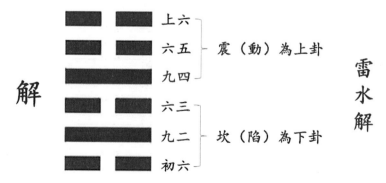

導讀：「師者，傳道受業解惑也。」作為教育工作者，要解放學生的身心，

努力培養「有理想、有道德、有文化、有紀律」的「四有新人」。

卦體下坎上震。震為雷，坎為水、為雨，雷雨並作，天地開解，春天草木萌發之象；又震為動，坎為險，外動而內險，行動走出困難之外，意味擺脫險境，患難消除。「解」，本義是用刀把牛角切開，即分判、離析，卦義為舒緩、解除。本卦闡釋解除困難之道。

40.1

解：利西南。無所往，其來復，吉。有攸[1]往，夙[2]吉。

【注釋】

〔1〕攸：所。

〔2〕夙：早。

【譯文】

《解》卦象徵著困難的解除：有利於到西南方辦事。如果沒有險難，就不必前往，回到原地安居可獲吉祥。但是如果出現險難，就應該迅速前往，及早解決可獲吉祥。

【解說】

「西南」是「坤」卦所處的方位，象徵著柔和眾，平順，往西南則可解困，故說「利西南」。當艱險解除之後，就應當無所作為，回到原地與民休息，才會吉祥，這就是「其來復，吉」。而如果險難來臨，就應當速去解決，如此才能得吉。「有求必應，無事不擾」，這才是正確的處解之道。

40.2

《象》曰：解，險以動[1]，動而免乎險，解。「解，利西南」，往得眾也。「無所往，其來復吉」，乃得中[2]也。「有攸往，夙吉」，往有功也。天地解而雷雨作[3]，雷雨作而百果草木皆甲坼[4]。解之時大矣哉！

【注釋】

〔1〕險以動：解卦下卦為坎，為險；上卦為震，為動，故言「險以動」。

〔2〕得中：「九二」居於下卦之中。

〔3〕作：興起。

〔4〕甲坼：指草木破土而出。甲，百果草木的皮殼；坼，裂開。

【譯文】

　　《象傳》說：解除困難，君子遇險而動，積極行動才可脫離危險，這就是解卦。「解除困難，利於走西南」，因為西南方為坤方，坤為眾，西南之行可得眾人相助。「沒有明確的目標，返回來就吉祥」，是因為「九二」此行合乎中正之道。「有明確的目標，早做早吉祥」，是說前往必可建功。天地解凍而雷雨興起，雷雨興起而百果草木都破殼生長。解卦的這種化育萬物，消解困難的功效真是太偉大了！

40.3

　　《象》曰：雷雨作，解。君子以赦過宥（yòu）罪〔1〕。

【注釋】

　　〔1〕赦：免除。宥：寬恕。

【譯文】

　　《大象傳》說：雷雨興起，化育萬物，象徵著消解。君子效法此象，從而赦免過失，寬恕罪犯。

【解說】

　　雷雨大作，雨水滋潤萬物，草木破殼發芽，大地有緩解之象。教育工作者從中得到啟示，對於違反校紀校規不嚴重的學生，應本著「懲前毖後，治病救人」的原則，儘量寬大處理。

40.4

　　初六：无咎。

　　《象》曰：剛柔之際〔1〕，義无咎也〔2〕。

【注釋】

　　〔1〕剛柔：指「九四」陽爻和「初六」陰爻。際：交，陰陽相交。
　　〔2〕義：通「宜」，應該。

【譯文】

　　初六：（險難剛剛解除）沒有什麼災禍。

《小象傳》說：「初六」與「九四」陰陽相交，就解除困難的道理看，應該是沒有什麼災禍。

【解說】

「初六」以陰爻居陽位失正，處解卦之初，自身柔弱無力，又處卑且在坎險之下，無力自拔，但其柔順地與上卦的「九四」陰陽相應，而且又上承「九二」，得到二陽剛的輔助，應當不會有災難。

【智慧點津】此爻揭示危難剛剛解除，應該平安無事。

【案例解讀】<u>雅安餘震後學生恢復上課</u>。據四川在線消息 2013 年 4 月 22 日：今天下午 18 點，記者致電雅安市教育局，工作人員稅先生明確表示，為避免餘震對學生造成不必要的傷害，雅安市所有中小學明天停課，具體恢復上課時間，還看具體情況，初步預計在 23 日。此舉以學生生命安全至上，「義无咎也」。

40.5

九二：田獲三狐〔1〕，得黃矢〔2〕，貞吉。
《象》曰：九二「貞吉」，得中道也。

【注釋】

〔1〕田：同「畋」，打獵。三狐：「狐」，一種狡猾邪媚而善於隱藏的動物，這裡指除了在君位「六五」之外的三個陰爻小人。

〔2〕黃矢：黃色的銅箭頭，象徵中直。黃，中色。矢，為箭為直。

【譯文】

九二：打獵捕獲多隻狐狸，又撿到象徵美德的銅箭頭，堅守正道可獲吉祥。

《小象傳》說：九二「堅守正道可獲吉祥」，是因為它能夠遵循中正之道。

【解說】

下卦為坎卦，坎為險陷、為隱伏，為強盜，狐狸神出鬼沒，故有「狐」之象。坎又為弓輪，所以又有「矢」之象。「九二」以陽爻居於陰位失正，雖身陷坎中，但其上有「九四」協助，又與君位的「六五」相應，得到信任，加之

自身擁有中正之德，因而能夠驅逐迷惑君主的小人，解除坎險，獲得吉祥。

【智慧點津】此爻揭示解除危難和隱患，應該堅守中正之道。

【案例解讀】「三百元錢失而復得」的故事。據搜狐網 2020 年 8 月 21 日網載：人民大學附中張莉莉講述，有一年她教初二，生活委員急慌慌地跑進辦公室，後面跟著 12 個蔫頭蔫腦的孩子。原來學校收費每人交三百元，班裏收齊之後卻少了一份，怎麼問都沒有人承認。當即，她嚴厲批評了生活委員。當生活委員要 12 人每人平攤 25 塊錢時，大家爭論不休，辦公室吵成一片。事後，張老師反思此事與自己沒有盡職也有關係。第二天，她連忙把三張鈔票放到了生活委員的桌子上。第三天，生活委員找到了張老師，主動賠償三百元，並責怪那是自己工作不細心而應承擔的責任。第四天，張老師把生活委員賠錢的事告訴了全班。終於，在第五天，在張老師的書包裏，有人悄悄放進了三百元錢。

40.6

六三：負且乘〔1〕，致寇至〔2〕，貞吝。

《象》曰：「負且乘」，亦可醜也。自我致戎〔3〕，又誰咎也？

【注釋】

〔1〕負：背負。乘：乘車。

〔2〕致：招致。

〔3〕戎：兵器，引申為賊寇。

【譯文】

六三：背負著貴重的東西而又乘坐在華麗的大車上，必將招來強盜搶劫，需要堅守正道以防憾惜。

《小象傳》說：「背負著貴重的東西而又乘坐在華麗的大車上」，這是非常可恥之舉。由於自己的原因而招致搶劫，這又能去責怪誰呢？

【解說】

下卦為坎，坎為車，為險陷、為隱伏，故有「乘」和「寇」之象。古代君子才能乘車，背負東西則為小人之事。「六三」在下卦之上，它以陰爻居於陽

位不當，既向下乘凌於「九二」之陽，又向上攀附於「九四」陽剛，有陰柔小人竊居高位之嫌；其才德與地位不相稱，背負的不義之財，必然會招致強盜的搶劫；所以只有堅守正道，才能防止遺憾，免除禍患。

【智慧點津】此爻揭示解除危難，應謹防無德小人占據高位。

【案例解讀】<u>大學教授剽竊科研成果申報專利被舉報</u>。據紅星新聞 2021 年 11 月 15 日報導：湖北某大學生物醫學工程專業學生孟某設計了一款血糖無創檢測儀，該校副教授葉某、院長鄭某利用自己的職務便利，將它申報了發明專利。直到今年，孟某所創辦的公司申請高新技術企業，才意外發現自己的研究成果被他人剽竊用來申報了 3 個專利。經調查得知，申請人為該大學，發明人為葉某、鄭某等人。目前，該大學認定葉某存在剽竊他人學術成果和不當使用他人署名的學術不端行為，對葉某作出通報批評、取消研究生導師資格、追回相關專利所獲科研獎勵等處理，對其他侵權人也給予相應的處理。「非所困而困焉，名必辱；非所據而據焉，身必危」，該教授此舉「自我致戎，又誰咎也？」實乃其自食其果。

40.7

九四：解而拇〔1〕，朋至斯孚〔2〕。
《象》曰：「解而拇」，未當位也。

【注釋】

〔1〕解：解開，切斷。而：通「爾」，你的，指「九四」。拇：大腳趾，這裡喻指卑賤的「六三」小人。
〔2〕斯：這。「孚」，誠信。

【譯文】

九四：像解開你大腳拇指的隱患一樣擺脫小人的糾纏，志同道合的朋友就會以誠相待。

《小象傳》說：「像解開你大腳拇指的隱患一樣擺脫小人的糾纏」，這說明「九四」居位不恰當。

【解說】

　　上卦為震，震為足，「九四」處震體之初，故言「拇」。「九四」以陽爻居陰位不中不正，下比「六三」非正陰柔小人，猶如足趾生患；它只有切斷「六三」小人的依附和糾纏，才能與「初六」朋友以誠信之心肝膽相應，彼此信任。

【智慧點津】此爻揭示解除危難，應擺脫小人糾纏，才能獲得君子的信任與支持。

【案例解讀】<u>曾國藩「八交九不交」之「九不交」</u>。曾國藩是清朝傑出的政治家、軍事家和文學家，在許多方面都有不可磨滅的貢獻，在交友方面也有獨特的見解。他用一生總結出的交友之道為「八交九不交」，對我們交友大有裨益。「八交」即勝己者、盛德者、趣味者、肯吃虧者、直言者、志趣廣大者、惠在當厄者、體人者。「九不交」即志不同者、諛人者、恩怨顛倒者、好佔便宜者、全無性情者、不孝不悌者、迂腐者、落井下石者、德薄者。我們只有摒棄「九不交」──「解而拇」，「志同道合的朋友就會以誠相待」。

40.8

　　六五：君子維有解〔1〕，吉。有孚於小人〔2〕。
　　《象》曰：「君子有解」，小人退也。

【注釋】

〔1〕維：捆綁。有：又。
〔2〕孚：誠信。

【譯文】

　　六五：君子先被綁住，後又解開了，吉祥。要用誠信感化小人。
　　《小象傳》說：「君子解脫了」，小人受到感化而退避。

【解說】

　　本卦有四個陰爻，陰爻代表小人，其中只有「六五」在君位，是君子。「六五」是解卦之主，解者，解去小人之束縛也，去小人則君子自進，「朋至

斯孚」，才能得吉，所以說「君子維有解，吉」。它以陰爻居尊位，柔順謙恭，能持守中正之道，任用「九二」賢才，所以能夠解除危難。「六五」善用君子，誠信不僅可以使小人心悅誠服，知難而退，還會感化他們，使他們棄惡揚善，使天下正氣暢行。

【智慧點津】此爻揭示解除危難，應該任用賢能，感化小人。

【案例解讀】崇禎帝逐步除掉魏忠賢。崇禎皇帝即位之初，國家軍政大權完成被魏忠賢掌控。他自稱「九千歲」，貪贓枉法，結黨營私，陷害忠良，無惡不作。崇禎皇帝深知其勢力龐大，如果急於處理，肯定會激起變亂。因此，他先不斷給其加官進爵，贈送無數金銀財寶，再暗中換掉、調離其主要親腹。等大臣們紛紛揣摩到他的用意，群起上奏要求懲治閹黨之時，崇禎皇帝這才順應「民意」，下詔將魏忠賢調往南京，隨後，又追加處罰，下旨將他逮捕入獄。魏忠賢最後在走投無路之下，畏罪自殺。

40.9

上六：公用射隼（sǔn）於高墉之上〔1〕，獲之，无不利。
《象》曰：「公用射隼」，以解悖（bèi）也〔2〕。

【注釋】
〔1〕公：王公，貴族。隼：鷹，這裡喻指「六三」小人。高墉：很高的城牆。
〔2〕悖：叛亂。

【譯文】
上六：王公射殺高高城牆上的惡鷹，一箭射中，沒有什麼不利。
《小象傳》說：「王公射殺高高城牆上的惡鷹」，是為了解除悖逆者所造成的險難。

【解說】
上卦為震，震為動，為諸侯，為公；上交互卦為坎，坎為弓輪，下交互卦為離，離為戈兵，為雉。「上六」位居全卦最高位，有如高墉，故有「公用射隼於高墉之上」之象。「上六」處於解卦之終極，已經渡過重險（上互坎和下

卦坎），必然一切困難都已經解除。此時「六三」貪居高位，禍亂邦國，如惡鷹盤踞高城之上。「上六」藏器於身，在它飛上來的時候，一舉將其射落，沒有什麼不利。

【智慧點津】此爻揭示解除險難，就是對邪惡除惡務盡。

【案例解讀】<u>河南教育廳處長受賄千萬被判刑 15 年</u>。據新華網 2013 年 8 月 21 日報導：身為河南省教育廳財務處副處長兼審計處處長的馮某，在長達 14 年的時間裏，受賄 58 起，案值 249 萬餘元，同時有 1117 萬餘元不能說明來源。2012 年 12 月 18 日，孟津縣人民法院一審以受賄罪判處馮某有期徒刑十三年，以巨額財產來源不明罪判處其有期徒刑五年，數罪並罰，決定執行有期徒刑十五年。「天網恢恢，疏而不漏」，這真所謂「公用射隼於高墉之上，獲之，无不利」。

41. 損卦第四十一──有捨有得

導讀：「捨得，捨得，有捨才有得。」作為教育工作者，只有愛崗敬業，無私奉獻，才能獲得家長和社會的認可，實現自己的人生價值。

卦體下兌上艮。艮為山，兌為澤，山下有澤，澤水浸蝕山根之象。「損」，本義為搗毀、破壞鍾鼎等貴重器物；卦義為損失、減損，取損下益上之義。損須誠信，依時，量力，適度，損中有益，益中有損。本卦主要闡釋捨得之道。

41.1

損：有孚〔1〕，元吉，无咎，可貞，利有攸往。曷〔2〕之用？二簋可用享〔3〕。

【注釋】

　〔1〕孚：誠信。

　〔2〕曷：通「何」，怎麼。

　〔3〕簋：古代盛食物的竹器。享：祭獻。

【譯文】

　　《損》卦象徵減損：心存誠信，大吉大利，沒有禍患，可以堅守正道，利於前去行事。減損之道用什麼來體現呢？內心真誠，兩簋粗淡的食物就足夠祭獻。

【解說】

　　「自損者益，自益者缺。」減損本非人之常情，損多或損少，或是時機不當，都會帶來紛擾。唯有以至誠之心，減損有餘以增補不足，當損則損，不當損則不損，損道才合乎正道，而「利有攸往」。減損如祭祀，貴在誠敬，兩竹盤的祭品，雖然微薄，仍然會被神接受並賜福。

41.2

　　《彖》曰：損，損下益上，其道上行〔1〕。損而「有孚，元吉，无咎，可貞，利有攸往。曷之用？二簋可用享」。二簋應有時，損剛益柔有時。損益盈虛，與時偕〔2〕行。

【注釋】

　〔1〕損下益上，其道上行：本卦由泰卦變來，泰卦下卦「九三」和上卦「上六」互換位置，就成為損卦。即下損上益，人民的財富減損，國君的財富增益。

　〔2〕偕：同。

【譯文】

　　《彖傳》說：損，就是減損百姓增益政府，其做法是向上奉獻。損卦說「減損貴在有誠信，就大吉大利，沒有禍患，堅守正道，有利於前往。用什麼東西來表示它呢？兩簋就可以舉行祭祀」。兩簋祭品要因時而用，因為減損陽剛、增益陰柔要根據時勢。減損增益、盈滿虧虛，這些都要根據時勢變通。

41.3

　　《象》曰：山下有澤，損。君子以懲忿窒欲〔1〕。

【注釋】

〔1〕懲：制止。窒：堵塞。

【譯文】

《大象傳》說：高山的下面有深澤，象徵著減損。君子效法此象，要遏制憤怒，杜絕貪欲。

【解說】

澤水浸蝕山根，日積月累會導致山體崩塌，有損壞之象。教育工作者從中得到啟示，要抑制自己的憤怒、減損自己的私欲，管控好自己的情緒。

41.4

初九：已事遄往（chuán）往〔1〕，无咎。酌損之。

《象》曰：「已事遄往」，尚合志也〔2〕。

【注釋】

〔1〕已：結束，完成。遄：迅速。

〔2〕尚：上。

【譯文】

初九：完成自己的事後迅速前往幫助別人，沒有災禍。損己助人應當酌情適度地減損。

《小象傳》說：「完成自己的事後迅速前往幫助別人」，說明「初九」與上級「六四」同心。

【解說】

下交互卦為震，震為動；下卦為兌，兌為毀折，故有「遄往」和「酌損」之象。損卦要義是損下以益上。「初九」以陽爻居陽位，剛健有餘，「六四」以陰爻居陰位，陽剛不足；當此損下益上的時刻，「六四」與上卦的「六四」相應，正可以以剛濟柔。於是，「初九」完成自己的工作後，迅速前去幫助「六四」。這是捨己為人的善行，當然不會有過錯。不過，其減損應當量力、適度，否則，過猶不及，得不償失。

【智慧點津】此爻揭示減損應當量力而行。

【案例解讀】<u>孩子攀比捐款家長憂心</u>。據《廣州日報》2006 年 9 月 19 日報導：前段時間，因颱風洪澇等自然災害，東莞部分鎮區受災。新學期開始，很多學校向師生發出了為受災鎮區捐款、救助受災群眾的倡議。這期間，有不少家長反映，有的孩子嫌父母給的 5 元捐少了沒有面子，又要找父母再給些……這種攀比之風讓父母很憂心。筆者以為，中小學生尚不具備勞動能力，如果捐款演變成了攀比，那就失去了原來的教育意義。學生捐款應本著自願原則，捐款的數額由學生和家長根據自身經濟能力決定，如此「酌損」，才會讓「愛心」不變成家長的「負擔」，也才會「无咎，尚合志也」。

41.5

九二：利貞，征凶，弗損益之〔1〕。
《象》曰：九二「利貞」，中以為志也〔2〕。

【注釋】

〔1〕弗：不。

〔2〕中：中庸。

【譯文】

九二：利於堅守正道，貿然前往就會有兇險；不用自我減損就能增益上方。

《小象傳》說：九二「利於堅守正道」，是因為它把堅守中道作為自己的志向。

【解說】

「九二」以陽爻居陰位，「六五」以陰爻居陽位，兩者都剛柔適中，皆有自給自足之象；此時「九二」剛毅持中，堅持正道有利；如果盲目減損自己去增益相應的「六五」，就會造成自己的不足和「六五」的有餘，打破原有的陰陽平衡，使兩爻皆失中。捨己助人固然值得提倡，但謹防愚忠、愚義，「泥菩薩過河，自身難保」。

【智慧點津】此爻揭示減損要守正量力，不損更利人利己。

【案例解讀】宣城三名中學生智救落水者。據鳳凰信息 2020 年 12 月 7 日載：11 月 8 日晚上 10 點多，該校高一的汪永浩、王新遠和裴健三位學生下晚自習後結伴一起回家，途中路過殷村水庫時，他們隱隱約約聽到了呼救聲，仔細聽聽，確實有人在喊「救命」。天很黑，他們一邊喊，一邊順著聲音急忙來到水庫邊。到水庫邊，他們看到落水者是一名女士，她只剩頭和手在水面上，情況非常緊急。他們一邊大聲安撫落水者，一面焦急地環顧四周，並派人去找路人幫忙。起初，他們撿來木棍，想讓落水者抓住，但都沒有成功。後來，他們把衣服的一頭繫住木棍，將另一頭扔給落水者，接連幾次，落水者終於抓住木棍並被拉到岸邊。遇到他人遭遇困難時，在保證自身安全的情況下救人，他們這種「弗損，益之」的勇敢機智的精神，正是九二「利貞」的生動再現。

41.6

六三：三人行，則損一人〔1〕；一人行，則得其友。
《象》曰：「一人行」，「三」則疑也。

【注釋】

〔1〕三人行，則損一人：和以下幾句都包含著天下萬物都是陰陽相應、陰陽結合之理。

【譯文】

六三：三個人一同行走，就會因相互猜疑而有一個人離開；一個人獨自行走，就會因專一求合而遇到志同道合的朋友。

《小象傳》說：「一個人獨自行走（就會因專一求合而遇到志同道合的朋友）」，「三個人一同行走」，就會因相互猜疑而達不到預期的目的。

【解說】

損卦由泰卦變來，泰卦「九三」與「上六」交換位置即成，也體現了損下益上、損剛益柔的精神。「三人行」指泰卦下體的三個陽爻。「損一人」指泰卦「九三」減損為「六三」。「一人行」則指「九三」上行而成為「上九」。「得其友」指「上九」得到「六三」為友，因為兩者陰陽相應。天下萬物，都是由一陰一陽結合而成立，故說「一人行則得其友」。如果過二而為三，則有餘而當損，故說「三人行則損一人」。損益平衡是自然界和人類社會的

普遍規律。正如老子所說「天之道，損有餘而補不足。人之道，則不然，損不足以奉有餘」。

【智慧點津】此爻揭示損有餘益不足，達到陰陽平衡的原則。

【案例解讀】「三個和尚沒水喝」。從前有一座山，山上有座小廟，廟裏有一個小和尚。他每天挑水、念經、敲木魚，生活過得安穩自在。不久，廟裏又來了個瘦和尚。小和尚叫他去挑水，瘦和尚看到小和尚在廟裏清閒自在，心想一個人去挑水太吃虧了，便要小和尚和他一起去抬水。後來，又來了個胖和尚。他也想喝水，小和尚和瘦和尚叫他自己去挑，胖和尚挑來水立刻獨自喝光了。從此誰也不挑水，三個和尚就沒水喝。這個故事告訴我們：三個和尚只有分工明確，團結協作，才能取到水喝。這就是「三人行，則損一人；一人行，則得其友」的道理。

41.7

六四：損其疾，使遄（chuán）有喜〔1〕，无咎。
《象》曰：「損其疾」，亦可喜也。

【注釋】
〔1〕有喜：指病癒。

【譯文】
六四：減損他的疾病，讓之迅速有了好轉，沒有什麼災禍。
《小象傳》說：「減損他的疾病」，這是非常可喜的事。

【解說】
若「六四」發生爻變，則上爻互卦坤變為坎卦，坎為加憂，為心病，故有「疾病」之象。下爻互卦為震，震為動；下卦為兌卦，兌為說，通「悅」，所以又有「使遄有喜」之象。「損其疾」就是減損自己的柔弱而益之以陽剛。「六四」以陰爻居陰位，柔弱無力，故以「疾」喻其無剛之弊。「初九」是剛毅的君子，剛健有餘，正可以自損陽剛以助益正應的「六四」陰柔小人，就像治病越快越好，能早日康復，沒有什麼災難。

【智慧點津】此爻揭示減損就是改過遷善，迅速行動。

【案例解讀】<u>周處改過自新傳佳話</u>。《世說新語》記載：周處年少時，兇暴強悍，橫行鄉里，鄉親們把他和南山的老虎和水中的蛟龍並稱為「三害」。後來，這個說法傳到了他那裡，他自知為人所厭，突然悔悟，便先單獨入山射虎，然後，又下水斬蛟，除了「二害」。後來，他洗心革面，發憤圖強，拜陸機、陸雲為師，終於成為馳騁疆場、名揚四方的忠臣孝子。

41.8

六五：或益之十朋之龜〔1〕，弗克違〔2〕，元吉。

《象》曰：「六五元吉」，自上祐也〔3〕。

【注釋】

〔1〕或：有人。朋：古代貨幣單位，雙貝為一朋。

〔2〕弗克：不能。

〔3〕上：指上天。

【譯文】

六五：有人贈送價值十朋的大寶龜，不能推辭違背，大吉大利。

《小象傳》說：「六五大吉大利」，是因為有上天的保佑。

【解說】

「九二」到「上九」五個爻形成一個放大的離卦，離外實中虛，似龜；上爻互卦為坤，坤為偶數，為十；上卦為艮卦，艮為止，故有「十朋之龜，弗克違」之象。「六五」以柔居尊位，有「虛中」自損而不自益之象。正當損下益上的時刻，天下賢士感化君德，紛紛投桃報李，使其增益。因而，「六五」之君得到價值十朋的大龜，不必推辭，吉祥如意。

【智慧點津】此爻揭示居尊位而能虛中自損，必然得到別人的增益。

【案例解讀】<u>張桂梅行善助學獲殊榮</u>。張桂梅是雲南省麗江市華坪女子高級中學書記、校長。1996年，她放棄了進入條件最好的華坪一中的機會，而選擇了師資最弱、條件最差的民族中學任教。二十多年來，她堅持帶病上課，愛生如

子，熱心各種社會公益。2008 年，她創辦全免費女子高中，12 年間讓 1800 多名貧困學生考上大學。她先後榮獲「全國教書育人楷模」「全國脫貧攻堅楷模」「七一勳章」等稱號。這正如爻辭所言「或益之十朋之龜，弗克違，元吉」。

41.9

上九：弗損益之，无咎〔1〕，貞吉。利有攸往，得臣無家〔2〕。
《象》曰：「弗損益之」，大得志也。

【注釋】

〔1〕咎：災禍，過錯。

〔2〕得臣無家：得到忠心報國的臣子，其公而忘私。

【譯文】

上九：不用自我減損就能增益他人，沒有災禍，堅守正道吉祥。前去行事，定能獲得天下臣民的擁戴。

《小象傳》說：「不用自我減損就能增益他人」，說明「上九」施惠天下的抱負大展。

【解說】

上爻互卦為坤，坤為順，為臣；上卦為艮卦，艮為山，為止，可引申為「家」。「上九」若發生爻變，則上卦變為坤卦，那麼「艮」失「家」沒，所以說「利有攸往，得臣無家」。「上九」身為陽爻，居於損卦終極之位，損極必益。其把從基層的助益，「取之於民，用之於民」，「惠而不費」。臣民必會一心為國，公而忘私；這無疑是損卦損己益人的最高境界。「民為邦本，本固邦寧」，從中亦可管窺「上九」是一位高明的統治者。

【智慧點津】此爻揭示統治者應損己益人，才能擁戴天下。

【案例解讀】倫納德老師：「我希望你是我女兒！」《我希望你是我女兒》是加拿大作家瑪麗・安・伯德寫的一片短文，收錄於部編版三年級語文下冊，講述了這樣一個感人的故事：有一個小女孩因為長相與眾不同，而且左耳先天失聰，一值得不到關愛，感到自卑，失望。然而，在一次耳語測試中，倫納德老

師對她說了一句——我希望你是我女兒！這句充滿關愛的一句話，彷彿是一束溫暖的陽光直射她的心田，撫慰了她那顆受傷的心，改變了她對人生的看法。微笑是教師給學生最好的禮物，鼓勵和讚美是教師最美的語言。我們廣大教師在教育教學實踐中，如果都能像倫納德老師一樣，對學生不吝惜自己的鼓勵和讚美——那麼，這種「惠而不費」的教育方式，一定會點亮學生的未來。

42. 益卦第四十二——損己益人

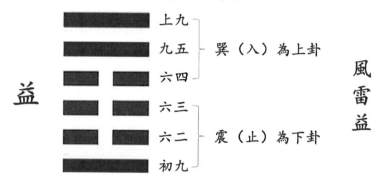

導讀：「給，永遠比拿愉快。」作為教育工作者，應始終踐行「一切為了孩子，為了孩子的一切，為了一切孩子」的辦學理念，多付出，竭盡所能急學生之所需，解學生之所困。

卦體下震上巽。巽為風，震為雷，風烈則雷迅，雷激則風怒，兩相助益之象。「益」，本義為水漫出，引申為增加、獲益。本卦論述了如何損上益下，損己益人的道理。

42.1

益：利有攸〔1〕往，利涉大川。

【注釋】

〔1〕攸：所。

【譯文】

《益》卦象徵增益：有利於前去行事，有利於渡過艱難險阻。

【解說】

益卦是減損統治者的多餘以增益百姓的不足，那麼人民才能安居樂業，國家才能國泰民安。益卦的「六二」與「九五」，都中正而且相應，加以下卦

「震」是動，上卦「巽」是順，順理而動，所以前進有利，可以冒險犯難。

42.2

《彖》曰：益，損上益下〔1〕，民說〔2〕無疆。自上下下，其道大光。「利有攸往」，中正有慶。「利涉大川」，木道乃行〔3〕。益動而巽〔4〕，日進無疆。天施地生，其益無方。凡益之道，與時偕〔5〕行。

【注釋】

〔1〕損上益下：本卦是將否卦的「九四」和「初六」互換，上面減少一個陽爻，下卦增多一個陽爻而成；上損下益，象徵統治者減損財富，使人民增益。

〔2〕說：通「悅」，喜悅。

〔3〕木道乃行：震為東方，屬木，巽也為木，古代船用木，故言「木道」。益卦下震為動，上巽為入，故言「乃行」，合而觀之，所以說「木道乃行」。

〔4〕益動而巽：指益卦下卦為震，為動，上卦為巽，為入。「巽」通「遜」，順從，謙遜。

〔5〕偕：同。

【譯文】

《彖傳》說：益，減損政府，增益百姓，百姓受益而喜悅無限。政府從上面施惠於在下的百姓，其增益之道廣大光明。「有利於前往」，是因為「九五」和「六二」中正互助而有福慶。「有利於渡過艱難險阻」，是因為木舟能渡水。增益之時既敢於作為又隨和謙遜，順理而動，所以能夠天天增進，沒有止境。天施恩澤，地生萬物，增益普及四面八方。大凡增益的規律，都要根據時勢變通。

42.3

《象》曰：風雷，益。君子以見善則遷〔1〕，有過則改。

【注釋】

〔1〕遷：改變。

【譯文】

《大象傳》說：狂風和驚雷互助，象徵著增益。君子效法此象，看見善行就傾心嚮往，有了過錯就立刻改正。

【解說】

雷動風生，風聲助雷，風激則雷烈，雷激則風迅，兩者有互助之象。教育工作者從中得到啟示，應教育學生知錯就改，不斷遷善改過。

42.4

初九：利用為大作〔1〕，元吉，无咎。

《象》曰：「元吉，无咎」，下不厚事也〔2〕。

【注釋】

〔1〕大作：本指農耕，這裡引申為大有作為。

〔2〕不厚事：不增加百姓農耕之外的勞役。

【譯文】

初九：有利於大有作為，大吉大利，沒有災禍。

《小象傳》說：「大吉大利而沒有災禍」，是因為居於下位的「初九」（老百姓）本來就沒有重任在肩。

【解說】

下卦為震卦，震為動，為春季，此時可以大力推進春耕春播的農業生產，為全年豐收打下堅實的物質基礎，故有「大作」之象。本卦是由否卦轉變而來，否卦的「九四」與「初六」對調，下降到初位，就成為「初九」。「初九」以陽爻處於陽位，又居下卦震動之初，本想有所作為；但其位卑力弱，難以奮發有為。所幸，它和上位的「六四」陰爻相應，根據益卦損上益下之原則，象徵其得「六四」之助益，故可以擔當大事，大有作為施益於天下，至為吉祥。然而，「初九」畢竟位居下層無位之地，本來是沒有條件承擔重任的，所以幹大事如不能獲大功，就要受到非議，因而只有把事情做得盡善盡美，才不會有過錯。

【智慧點津】此爻揭示獲益之後要大有作為，回饋社會。

【案例解讀】希望工程受益者反哺社會。「大眼睛」女孩蘇明娟是我國希望工程的形象代言人，從小學、中學、到大學，在社會各界的幫助下，她順利地考

上了大學。參加工作以後，作為希望工程曾經的受助者，如今的她已經完成了從受助者到資助者的角色轉變。她將人生的第一筆工資捐給了希望工程，之後每年定期捐款，從未間斷。此外，她還每年堅持資助貧困學生，參加各類公益慈善活動，並成立了以其本人名字命名的「蘇明娟助學基金」，並拿出3萬元作為啟動資金。

42.5

　　六二：或益之十朋之龜〔1〕，弗克違〔2〕，永貞吉。王用享於帝〔3〕，吉。

　　　　《象》曰：「或益之」，自外來也。

【注釋】

　　〔1〕或：有人。朋：古代貨幣單位，雙幣為一朋。

　　〔2〕弗克：不能。

　　〔3〕享：祭祀。

【譯文】

　　六二：有人贈送價值十朋的大寶龜，無法辭謝，永遠堅守正道吉祥。君王得此寶龜祭祀天帝，吉祥。

　　《小象傳》說：「有人贈送（價值十朋的大寶龜）」，這是從外部意外獲得的增益。

【解說】

　　下交互卦為坤，坤為偶數，為十；「初九」到「九五」五個爻形成一個放大的離卦，離外實中虛，似龜；上交互卦為艮，艮為止，故有「十朋之龜，弗克違」之象。益卦的「六二」相當於損卦的「六五」，但受益的在下位。「六二」以陰爻居陰位，柔而無剛，但它柔順、虛心、中正，與外卦「九五」相應；「九五」以陽爻居陽位，剛健有餘，因而，他就助益「六二」價值十朋的大龜。不過，由於「六二」過於柔弱，必須永遠堅守正道，保持祭天的虔誠，才會吉祥。

【智慧點津】此爻揭示求益貴在誠信、中正。

【案例解讀】<u>邳州「希望之家」誕生</u>。二十世紀八十年代，邳州地區遭遇了一場百年不遇的特大洪水，導致六百多個嬰幼兒不幸染上小兒麻痺症而落下殘疾。為了幫助這些孩子重新站起來，1993 年，剛剛退休的邳州市衛生局副局長的張輔世老人及其妻子決定創辦接受殘疾孩子的兒麻康復中心。夫婦二人多方奔走，在社會各界的幫助和支持下，於 1995 年 12 月，成立了我國首家集學習、生活、技能訓練為一體的肢殘人康復中心——「希望之家」。自成立以來，「希望之家」星光閃耀，創造了一個又一個奇蹟：培養出 7 個奧運冠軍、8 個世界冠軍、12 個全國冠軍……

42.6

六三：益之用凶事〔1〕，无咎。有孚中行〔2〕，告公用圭（guī）〔3〕。
《象》曰：「益用凶事」，固有之也〔4〕。

【注釋】

〔1〕凶事：凶荒之年，官府開倉賑濟百姓。
〔2〕中行：行中正之道。
〔3〕公：「六四」。圭：玉器，代表信物。
〔4〕固：本來。

【譯文】

六三：增益於荒災飢餓的百姓，沒有災禍。應心存誠信，堅守中道，手持圭玉向王公請示。

《小象傳》說：「增益於荒災飢餓的百姓」，本就應該這麼做。

【解說】

「六三」和「六四」兩爻居於全卦之中，故有「中行」之象。「六三」以陰爻居陽位，不中不正，本來就有凶禍。當荒災之年，為了賑濟百姓，他必須心懷誠信，手持玉圭向王公稟告，請求獲得批准，方可開倉。「六三」

在下卦「震」動之上，因而可以主動前往，向天子「九五」請求援助，所以「无咎」。

【智慧點津】此爻揭示誠實的求助，並不違背原則。

【案例解讀】<u>貧困學子獲資助</u>。據中新網 2015 年 8 月 13 日電：從 8 月 9 日收到黑龍江大學錄取通知書以來，河南省鹿邑縣應屆高中畢業生倪國領和家人就為高昂的學費和住宿費發愁不已。在得知其家庭情況之後，當地政府部門和社會各界積極為其籌款。僅 8 月 12 這一天，倪國領就收到近 1.2 萬元的助學捐款，足夠大學一年級的生活費和學費。對於這一雪中送炭之舉，倪國領由無比絕望到異常欣喜，他表示進入大學後，將努力學習，靠自己的努力改變貧窮的局面。

42.7

六四：中行，告公從。利用為依遷國〔1〕。

《象》曰：「告公從」，以益志也。

【注釋】

〔1〕依：依靠。國：國都。

【譯文】

六四：中道行事，報告王公（遷移國都之事），王公會很樂意的答應。此時最有利於依附君上遷移國都。

《小象傳》說：「報告王公遷移國都而被答應」，這是說「六四」有益民的志向。

【解說】

下卦為震卦，震為動，為行走，為鳴；上卦為巽卦，巽為風，為順從，「六四」處在全卦的中間，故有「中行，告公從」之象。上交互卦為艮，艮為山，為止，為依靠；下交互卦為坤，坤為國土；下卦為震，震為動，所以又有「為依遷國」之象。「六四」以陰爻居陰位，是本卦「九五」身邊的重臣，為損上益下大用之爻。為了讓老百姓擺脫災荒，「六四」雖然力量有限，但他柔順謙恭，

奉行中正之道，積極向君王進諫良言，遷都益民，以實現自己益下之志。

【智慧點津】此爻揭示中正可以獲得助益。

【案例解讀】西南聯大南遷。1937 年，抗日戰爭爆發後，中國的國土一點點淪陷。為了讓延續五千年的中華文化不被打斷，眾多高校紛紛往抗戰大後方遷移。同年 11 月 1 日，國立北京大學、國立清華大學、私立南開大學三所大學聯合在湖南長沙成立國立長沙臨時大學。由於長沙連遭日機轟炸，岌岌可危，1938 年 2 月，經中華民國教育部批准，長沙臨時大學繼續向西遷往昆明。1938 年 4 月，改稱國立西南聯合大學。此舉「保全國家元氣」，「物質之損壞有限，精神之淬礪無窮」，實乃「利用為依遷國，以益志也」。

42.8

九五：有孚惠心〔1〕，勿問元吉〔2〕。有孚惠我德。
《象》曰：「有孚惠心」，勿問之矣。「惠我德」，大得志也。

【注釋】
〔1〕孚：誠信。惠：恩惠。
〔2〕元：大。

【譯文】
　　九五：以誠信之心施惠百姓，毫無疑問是大吉大利的。天下萬民也必然以誠信回報我的恩德。
　　《小象傳》說：「以誠信之心施惠百姓」，不必多問，肯定吉祥。「天下萬民都回報我的恩德」，說明「九五」實現萬民歸心，造福大眾的心志。

【解說】
　　下交互卦為坤，坤為民眾，「九五」和「六二」中正相應，有上下交惠之象。「九五」以陽爻居陽位，以中正之德居尊位，又下應同樣中正的「六二」；所以，他有誠信和力量，對人民布施恩惠，毫無疑問，就知道這是非常吉祥。「九五」懷濟世之心，百姓感恩戴德，誠心擁戴，其大展宏圖的志向得到認可和實現。

【智慧點津】此爻揭示統治者以仁愛信誠之心恩澤百姓，百姓必會誠意回報。

【案例解讀】<u>李桂林、陸建芬夫婦托起「天梯小學」</u>。李桂林、陸建芬夫婦是四川省涼山彝族自治州甘洛縣馬史大橋鄉二坪村小學教師，「感動中國2008 年度人物」。29 年來，他們把全部精力和時間都投入到二坪的彝族孩子身上，每次上學、放學，他們都要把一個個孩子從懸崖邊、從天梯上背上背下。「這座懸崖上的村莊就是我們的逐夢之地，我們會一直在這裡。」正如頒獎詞所言：「在最崎嶇的山路上點燃知識的火把，在最寂寞的懸崖邊拉起孩子們求學的小手，19 年的清貧、堅守和操勞，沉澱為精神的沃土，讓希望發芽。」

42.9

上九：莫益之，或擊之。立心勿恒〔1〕，凶。

《象》曰：「莫益之」，偏辭也〔2〕。「或擊之」，自外來也。

【注釋】

〔1〕立心：樹立主張。

〔2〕偏辭：偏見之辭。

【譯文】

上九：沒有誰來增益他，反而有人來攻擊他。不能長久恒守立下的心志，必然會有凶險。

《小象傳》說：「沒有誰來增益他」，是說這是「上九」求益不已的偏見之辭。「反而有人來攻擊他」，說明凶險從外部不招自來。

【解說】

上爻互卦為艮，艮為山，為止，為手，故有「打擊」之象。又上卦為巽，巽為進退，為不果，故又有「無恒」之象。「上九」處於益卦之極，物極必反，從而變益卦的損上益下之道為損卦的損下益上之道。它以陽爻居於陰位失正，必然貪得無厭，索求無度，由增益下層百姓轉為以減損他們的利益來供養自己，從而成為眾矢之的，人民不但不會增益他，反而想攻擊他，所以說「莫益

之，或擊之」。「放於利而行，多怨」。由此可見，統治者增益下層百姓之心若不能持之以恆，就會有兇險。卦中「上九」和「六三」私應，凌駕於「九五」之上，「九五」在外卦不滿，故說「自外來也」。

【智慧點津】此爻揭示不可貪得無厭。

【案例解讀】<u>瀋陽有償補課教師被開除</u>。據澎湃在線報導：瀋陽一二七中學初一年級某班班主任金某不僅違規對學生進行有償補課，而且在被查處後無端懷疑是學生家長方女士所為，唆使丈夫在學校門衛室毆打方女士。這一行為被媒體曝光後，鐵西區紀委監委立即組織人員成立審查調查組。經審查事實清楚，現將有關人員處理情況通報如下：有償補課的女教師金某因違反廉潔紀律和職業道德，被依法依規予以開除，其他相關責任人也分別受到降低崗位等級處分、免職或警告處分。金某教書育人「立心勿恒」，最終落得「莫益之，或擊之」的下場，實乃其自食其果。

43. 夬（guài）卦第四十三——中正決斷

導讀：「當斷不斷，反受其亂。」作為教育工作者，應動之以情，曉之以理，講策略、講方法，妥善處理好各種矛盾糾紛，讓學生心悅誠服。

卦體下乾上兌。兌為澤、為水，乾為天，水氣上天（洪水滔天），決降成雨，有潰決和惠眾之象。卦形五陽一陰，一個陰爻小人（「上六」）位高權重，盤踞在五個陽爻之上，但其畢竟是苟延殘喘；意味君子道長，小人道消。「夬」，《說文解字》中說：「分決也。」又通「決」，引申為決裂，決斷，潰決。本卦通過剷除邪惡，來闡釋如何決斷的道理。

43.1

夬：揚〔1〕於王庭，孚號有厲〔2〕。告自邑〔3〕，不利即戎〔4〕，利有攸往。

【注釋】

〔1〕揚：宣揚。

〔2〕孚：誠信。厲：危險。

〔3〕邑：城邑。

〔4〕戎：兵戎，戰事。

【譯文】

《夬》卦象徵決斷：在君王的朝廷之上當面宣布小人的罪狀，心懷誠信，疾呼危險。告誡自己城邑中的人，不利於立即動用武力；但準備好了可以前去行事。

【解說】

本卦君子道盛，小人勢衰，君子與小人的較量已經到了決斷的時刻。此時，君子應光明正大地先在朝廷上宣布小人的罪惡，再發動群眾，共同與之對決，最後，在儘量不用武力的情況下，以「剛健與和悅」之中道讓其投降和就範。畢竟，小人位高權重，負隅頑抗，因而君子只有講究鬥爭方式，有禮有節，才能讓其誠服，才能無往而不利。

43.2

《彖》曰：夬，決也，剛決柔〔1〕也。健而說〔2〕，決而和〔3〕。「揚於王庭」，柔乘五剛〔4〕也。「孚號有厲」，其危乃光也。「告自邑，不利即戎」，所尚乃窮也。「利有攸往」，剛長乃終〔5〕也。

【注釋】

〔1〕剛決柔：指下面五個陽爻決斷上面一個陰爻。

〔2〕健而說：夬卦下卦為乾，為健；上卦為兌，為說，「說」通「悅」，為喜悅，故言「健而說」。

〔3〕決而和：既能決斷又能和悅。

〔4〕柔乘五剛：指「上六」一個陰爻在五個陽爻的上方。

〔5〕剛長乃終：指五個陽爻繼續向上增加，將會取代「上六」，使該卦成為全陽的
　　乾卦。比喻消除柔邪小人之道。

【譯文】

　　《彖傳》說：夬，意為決斷，好比陽剛君子果決除去陰柔小人。剛健而
又和悅，決去又能和諧。「在朝廷之上宣布小人的罪行」，是因為「上六」陰柔
小人凌駕於五個陽剛君子之上。「心懷誠信疾呼有危險」，這樣才能渡過危險，
走向光明。「告誡自己城邑中的人，不利於立即動用武力」，是說一味崇尚武
力將會沒有出路。「利於前去行事」，是指五個剛爻壯大，消滅「上六」一陰，
最終會得到好的結局。

43.3

　　《象》曰：澤上於天，夬。君子以施祿及下，居德則忌〔1〕。

【注釋】

　　〔1〕祿：福祿。居：積。

【譯文】

　　《大象傳》說：湖水蒸發上天，即將化為雨傾注而下，象徵著決斷。君
子效法此象，把福祿施給百姓，如果積德吝施，就會遭到忌恨。

【解說】

　　澤上於天，蒸發凝結成雨，有恩澤天下之象。教育工作者從中得到啟示，
要把自己的學識傾囊相授給學生，如果「課上不講課後講」，就會遭到家長和
社會的譴責和憤怒。

43.4

　　初九：壯於前趾，往不勝，為咎〔1〕。
　　《象》曰：「不勝而往」，「咎」也。

【注釋】

　　〔1〕勝：勝任。

【譯文】

初九：倚仗前腳趾強壯，若貿然前往則不能取勝，反而還會惹禍。

《小象傳》說：「不能勝利而貿然前往」，會有災禍。

【解說】

初爻依《周易》體例，按照身體取象，一般為腳趾。「初九」以陽爻居陽位，在下卦「乾」體，因而剛健逞強好動，有「壯於前趾」之象。然而，「初九」又位卑處於全卦最下方，他上與「九四」敵應無援，雖剛健卻力不足，並不能勝任決斷「上六」小人的使命。所以，他事先必須有周密的策劃與準備，否則會招致災禍。

【智慧點津】此爻揭示決斷邪惡，應量力而行，不可盲動。

【案例解讀】「不備而教」出洋相。筆者有個大學生同事，他剛參加工作，在我們學校帶初二年級數學。有一回閒聊，他自述其在某次講複習課時，自認為題目簡單，沒有備課，就進了教室。結果，課堂上出現嚴重的卡殼現象，費了很大周折最終才柳暗花明。這正是「壯於前趾，往不勝為咎」的生動寫照。「不備而戰，不戰而敗」，正如已故江蘇省特級教師於永正所說：「反正不備課，或者備得不充分，我是不敢進課堂的。」

43.5

九二：惕號〔1〕，莫夜有戎〔2〕，勿恤〔3〕。

《象》曰：「有戎，勿恤」，得中道也。

【注釋】

〔1〕惕：警惕。號：大聲呼叫。

〔2〕莫：通「暮」，夜。戎：軍事行動。

〔3〕恤：擔憂。

【譯文】

九二：時刻警惕地呼號，就是深夜敵兵來襲，也不用擔憂。

《小象傳》說：「深夜敵兵來襲，也不用擔憂」，這是因為「九二」能夠堅守中庸之道。

【解說】

若「九二」發生爻變，則「六二」至「上六」構成大坎卦，坎為加憂、心病；下交互卦乾變為巽卦，巽為風，為號，故言「惕號」。此外，下卦變為離卦，離為日，為戈兵；下交互卦為巽，巽為入；上卦為兌卦，兌為西方，日落西方，故又說「莫夜有戎」。「九二」正當決斷小人之時，它以陽爻居陰位，又得中，正象徵剛柔並濟，既能果斷又謹慎；所以，其平時能夠居安思危，就是夜間遭遇敵人的攻擊，也不必憂慮。

【智慧點津】此爻揭示決斷邪惡，要警惕防範，有備無患。

【案例解讀】<u>康熙智擒鰲拜</u>。康熙皇帝剛登基，鰲拜專權跋扈，大臣們敢怒不敢言。為了剷除鰲拜，他精細謀劃一個好辦法。他按照清朝的規矩，暗中召集一些滿族權貴的子弟在自己身邊充當貼身侍衛。這些侍衛都是一些體格健壯、腰腿靈活的少年。從此，康熙皇帝每天和他們一起玩相撲遊戲，練習摔跤，給鰲拜嘻嘻哈哈、不學無術、不足為患之感。最後，在一次召見鰲拜進宮之際，康熙皇帝命令這些侍衛出其不意將其逮捕。自此，他才真正掌握了朝政大權。

43.6

九三：壯於頄（kuí）〔1〕，有凶。君子夬夬〔2〕，獨行遇雨，若濡有慍（yùn）〔3〕，无咎。

《象》曰：「君子夬夬」，終无咎也。

【注釋】

〔1〕頄：顴骨。

〔2〕夬夬：果決貌。

〔3〕濡：濕。慍：怨恨。

【譯文】

九三：顴骨高突怒容滿面，有兇險。君子應當剛毅果決（清除小人），即使遇上大雨渾身濕透而心懷惱怒，也沒有什麼災禍。

《小象傳》說：「君子應當剛毅果決（清除小人）」，最終沒有什麼災禍。

【解說】

下卦為乾，乾為首，「九三」位於乾卦之頂，又和「上六」單獨相應，「上六」處兌體，兌為澤，故有「壯於頄」和「獨行遇雨」之象。「九三」又以陽爻居陽位，剛強過度。因而，決斷小人之心，顯現在臉上，以致遭到其憎恨和反擊，結果兇險。此卦，唯有「九三」與上卦「上六」小人相應，所以它會被其他陽剛君子懷疑與小人同流合污。但它畢竟當位得正，最終毅然擺脫小人的羈絆，堅決清除他們，縱然淋雨有怒，也不會有災禍。

【智慧點津】此爻揭示決斷邪惡，應隱忍不漏聲色。

【案例解讀】<u>王允施計除董卓</u>。東漢末年，軍閥、權臣董卓獨攬朝政，廢少帝立漢獻帝並挾持號令，呼召三臺，朝野共憤。為了剿滅董卓，司徒王允表面對其假意逢迎，逐漸取得他的信任，暗中卻把自己心愛的歌姬貂蟬，先送給呂布，再獻給董卓，並巧施美人、連環、離間計，挑撥他們之間的關係，最終使呂布為了貂蟬而殺死了董卓這個亂國姦臣。

43.7

九四：臀無膚，其行次且（zī jū）[1]。牽羊悔亡，聞言不信。

《象》曰：「其行次且」，位不當也。「聞言不信」，聰不明也[2]。

【注釋】

〔1〕次且：趑趄，走路困難。

〔2〕聰：聽覺。

【譯文】

九四：臀無完膚，走路困難。若能像牽羊一樣跟隨他人行走，就可以消除後悔，無奈聽了這忠告也不相信。

《小象傳》說：「走路困難」，是因為「九四」居位不當。「聽了這忠告也不相信」，是說他聽覺正常而決斷不明。

【解說】

若「九四」發生爻變，則上卦變成坎卦，坎為溝渠，似臀；上交互卦乾變為離卦，離為眼睛，為明亮；上卦為兌，兌為毀折，為羊，為口，為昧，故有「臀無膚，聞言不信」之象。又坎為陷入，為耳朵，現在坎失明滅，故又說「聰不明也」。「九四」以陽爻居陰位不中不正，象徵心中遲疑，如坐針氈。牽羊的要訣，是跟在後面，讓羊自由自在地走，否則，羊就不會前進。所以，「九四」要像牽羊一般，緊隨「九五」陽爻前進，才不會產生後悔。然而，在決斷小人之時，「九四」難免剛愎自用，不聽忠告，必然會製造麻煩。

【智慧點津】此爻揭示決斷邪惡，應聽從勸告，堅決果斷。

【案例解讀】<u>兒子吸毒不聽勸，母親含淚報警</u>。據人民網‧湖北頻道 2018 年 6 月 16 日報導：日前，一位大媽來到湖北十堰市花果派出所值班室報警，聲稱要將其吸毒的兒子抓起來。原來，報警的大媽姓張，她兒子劉某今年 30 出頭。當她無意中看到兒子在家中吸食毒品後，便多次給兒子做工作，要求其主動戒掉，但兒子非但不聽，還變本加厲，不住家而住賓館，甚至一連幾個月都不回家，一回家便問她要錢。深思熟慮後的張大媽為了挽救兒子和這個家，毅然決定報警。最後，劉某經尿樣檢測和詢問，他對自己吸食冰毒的違法行為供認不諱。目前，劉某因吸毒已被行政拘留 7 日。

43.8

九五：莧（xiàn）陸夬夬〔1〕，中行无咎。
《象》曰：「中行无咎」，中未光也〔2〕。

【注釋】

〔1〕莧陸：一種柔脆多汁不容易乾的草，這裡指「上六」。
〔2〕光：光大。

【譯文】

九五：像剷除柔脆的莧陸草一樣，剛毅果決地清除小人，只要時刻堅守中庸之道，就不會遇到災禍。

《小象傳》說：「只要時刻堅守中庸之道，就不會遇到災禍」，這是說「九五」將中正之道尚未發揚光大。

【解說】

上卦兌為澤，澤為幽暗；「九五」居兌體之中，故說「中未光也」。「九五」以陽爻居陽位，既中且正，是本卦的主爻，也是決斷小人的君主。然而，它與「上六」的小人接近，態度曖昧就像莧陸一般潮濕。但「九五」剛毅中正，能用中庸之道將「上六」小人徹底決斷，所以不會有災難。反之，如果採取過剛或過柔的策略，都違背了中庸之道，都未將其發揚光大。

【智慧點津】此爻揭示決斷邪惡應中正果斷。

【案例解讀】河南「大學生掏鳥案」。其在法律上實為「閆嘯天、王亞軍非法獵捕、收購珍貴、瀕危野生動物案」。2014 年 7 月 14 日，河南鄭州職業技術學院大一學生閆嘯天和朋友王亞軍，暑假期間在河南省輝縣市高莊鄉土樓村先後掏了兩窩小鳥共 16 隻，分別賣給不同地方獲利 1080 元。經認定他們掏的鳥是燕隼，屬於國家二級保護動物。最後，法院判決閆嘯天有期徒刑 10 年半，王亞軍有期徒刑 10 年，並分別處罰金 1 萬元和 5000 元。其間，閆家一再申訴，但河南省高級人民法院審查認為原審判決認定事實清楚，證據確實、充分，定罪量刑適當，從而予以了駁回。

43.9

上六：無號[1]，終有凶。

《象》曰：「無號之凶」，終不可長也[2]。

【注釋】

〔1〕號：呼號。

〔2〕長：長久。

【譯文】

上六：不必呼號求救，最終有兇險。

《小象傳》說：「不必呼號求救的兇險」，說明「上六」陰柔小人終究不

可能長期猖獗下去。

【解說】

上卦為兌，兌為口（口能呼叫），為毀折，故說「無號」。「上六」是本卦唯一的陰爻，居於終極之位，其下五個陽爻對其形成進逼之勢，是要被決斷的小人。由於他罪惡深重，在窮途末路之際，就是大聲呼號，也在劫難逃。

【智慧點津】此爻揭示邪惡遲早會被決斷。

【案例解讀】楊國忠被誅殺。唐玄宗李隆基執政晚期，驕奢淫逸，寵信姦臣楊國忠，不理朝政。楊國忠大權獨攬，飛揚跋扈，有如「上六」小人，導致「安史之亂」爆發。唐玄宗被迫西行逃難。途中，由於馬嵬坡兵變，楊國忠已無力申辯自保，終被亂軍所殺，可謂「無號之凶，終不可長也」。

44. 姤（gòu）卦第四十四──中正相遇

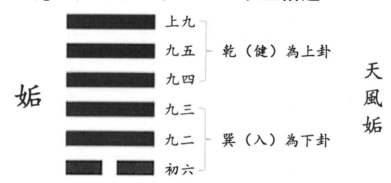

導讀：「一個人遇到好老師是人生的幸運，一個學校擁有好老師是學校的光榮，一個民族源源不斷湧現出一批又一批好老師則是民族的希望。」作為教育工作者，要高瞻遠矚，保持清醒的頭腦，堅持正確的立場，不隨波逐流，做到出淤泥而不染。

卦體下巽上乾。乾為天，巽為風，天下有風，無物不遇，天地相遇之象。「姤」，通「媾」，指相遇、婚媾；卦義為不期而遇，取「初六」一陰遇五陽。卦象「初六」呈現陰盛陽衰之勢，有如小人或者邪惡逐步增長。本卦通過防範邪惡，抵制誘惑，闡釋中正遇合之道。

44.1

姤：女壯，勿用取[1]女。

【注釋】

〔1〕取：通「娶」。

【譯文】

　　《姤》卦象徵邂逅相遇：女子過分強壯，不適合娶來作妻子。

【解說】

　　全卦一陰在下，五陽在上，好比一個女人而與五個男人相遇；又卦形呈現陰長陽消之勢，故說「女壯」而「勿取」。畢竟，一個女人周旋在五個男人中間，不合禮不守正，難免堅守貞節。

44.2

　　《彖》曰：姤，遇也，柔遇剛〔1〕也。「勿用取女」，不可與長也。天地相遇，品物咸章也〔2〕。剛遇中正〔3〕，天下大行也。姤之時義大矣哉！

【注釋】

〔1〕柔遇剛：指「初六」一個陰爻遇到上面五個陽爻。

〔2〕品物：各種事物。咸：都。章：通「彰」，顯明。

〔3〕剛遇中正：「九五」和「九二」都是陽爻且居於上下卦的中位。

【譯文】

　　《彖傳》說：姤，指相遇，即「初六」陰爻和其餘五個陽爻相遇合。「不要娶這種女人為妻」，因為和她相處不會長久。天地陰陽相遇，萬物都顯明生長。眾陽剛如能秉行中正之道，那麼天下萬事就暢行無阻。姤卦的這種適時而遇的功用，真是重大啊！

44.3

　　《象》曰：天下有風，姤。後以施命誥（gào）四方〔1〕。

【注釋】

〔1〕後：君王。誥：通「告」，布告。

【譯文】

　　《大象傳》說：天下吹拂著和風，與萬物接觸，象徵著相遇。君王效法此象，要發布命令通告四方。

【解說】

天下有風，遍及萬物，有遇合之象。古人認為風是天命的象徵，因此教育工作者從中得到啟示，上級好的政策要迅速傳遞到基層，落實到基層，使人人知曉，生生受益。

44.4

初六：繫於金柅（ní）〔1〕，貞吉。有攸往，見凶，羸豕孚蹢躅（zhízhú）〔2〕。

《象》曰：「繫於金柅」，柔道牽也。

【注釋】

〔1〕柅：車閘，刹車，這裡指「九四」。

〔2〕羸：瘦弱。孚：通「浮」，浮躁。蹢躅：徘徊不前。

【譯文】

初六：緊緊捆綁在堅硬的車閘上，堅守正道可獲吉祥。前去行事，會遇到凶險，好像瘦弱的豬因煩躁而徘徊不前。

《小象傳》說：「緊緊捆綁在堅硬的車閘上」，是說「初六」陰柔之道要受到陽剛者的牽制。

【解說】

「九四」處於上卦乾中，乾為剛強，為金；下卦為巽，巽為木，為繩，「初六」和「九四」相應，故說「繫於金柅」。「初六」以陰爻居陽位失正，處全卦之初，位卑柔弱，好像羸弱的豬一樣狂躁不安，意欲逐漸取代上面五個陽爻，所以，要盡早用金屬製成堅固的刹車一般，制止其行進；這樣堅持正道，可獲吉祥。如果任其發展壯大，將會禍患無窮。

【智慧點津】此爻揭示對邪惡應防微杜漸，盡早嚴密戒備。

【案例解讀】「曲突徙薪」的故事。據《漢書・霍光傳》記載：有位客人到朋友家裏做客，看見主人家的灶上煙囪是直的，旁邊又有很多木柴。客人告訴主人，煙囪要改曲，木材需移去，否則可能會有火災。主人聽了沒有做任何

表示。不久，主人家裏果然失火，四周的鄰居跑來救火，最後火被撲滅了，於是主人烹羊宰牛，宴請四鄰，以酬謝救火者的功勞，但是並沒有請當初建議他將木柴移走、煙囪改曲的人。有人對主人說：「如果當初聽了那位客人的話，今天就不用準備宴席，而且也不會有火災的損失。現在論功行賞，曾給你建議的人沒有被感恩，而救火的人卻是座上賓，真是很奇怪的事！」主人頓時醒悟，趕緊去邀請當初給予建議的那個人。

44.5

九二：包有魚[1]，无咎，不利賓。

《象》曰：「包有魚」，義不及賓也[2]。

【注釋】

〔1〕包：通「庖」，廚房。魚：是水中的生物，屬於陰，這裡指「初六」。

〔2〕義：道理。賓：指其他的陽爻。

【譯文】

九二：廚房裏有一條魚，沒有禍害；但不宜用它招待賓客。

《小象傳》說：「廚房裏有一條魚」，但從道義上說，「九二」不宜用它來招待賓客。

【解說】

「九二」與「初六」「近水樓臺先得月」，相遇最近，故有「包有魚」之象。它以陽爻居陰位，有剛中之德，能持中守正管控「初六」。「初六」陰柔小人被正道所牽制，「義不及賓」，禍害不再擴散他人，可以免除後患。

【智慧點津】此爻揭示對邪惡應嚴加管控，以免禍害加於其他人。

【案例解讀】高中生食物中毒。據搜狐網 2017 年 4 月 5 日載：3 月 29 日，陝西大荔縣某中學十多名高一學生陸續出現拉肚子、噁心、嘔吐等症狀。學校發現這一情況後，立即向上級主管部門彙報，同時積極給學生治療，並對食品留樣進行檢查。據悉，學生吃了學校食堂一家賣饃的白吉餅，疑似食物中毒。目前，所有學生均無生命危險。這就是「包有魚，无咎」的道理。

44.6

九三：臀無膚，其行次且（zī jū）〔1〕，厲，无大咎。

《象》曰：「其行次且」，行未牽也。

【注釋】

〔1〕次且：即「越趄」，行走困難。

【譯文】

九三：臀部沒有皮膚，行走困難，有危險，但沒有大的災難。

《小象傳》說：「行走困難」，是說「九三」尚未完全受到「初六」的牽制。

【解說】

「九三」以陽爻居陽位，過剛不中，上與「上九」敵應，下和「初六」無遇（「初六」已經歸屬「九二」），故有「其行次且」之象。它本應安分守己，但卻迷戀「初六」美色，以致如「臀無膚」坐立不安，行走遲緩，陷入進退兩難境地。不過，「九三」畢竟當位得正，能夠克制私欲，潔身自好，最終和小人劃清界限；雖然有危險，但不會有大的災難。

【智慧點津】此爻揭示君子應排除不良因素的干擾。

【案例解讀】洪戰輝自立自強攜妹求學 12 年。洪戰輝是湖南懷化學院的一名大學生。11 歲那年家庭突發重大變故，他既要掙錢讀書，又要照顧患病的父親和年幼的妹妹。但他始終沒有退縮，這副重擔一挑就是 12 年，雖然「其行次且」，但「行未牽也」。被評為 2005 年度「感動中國」十大人物之一。

44.7

九四：包無魚，起凶〔1〕。

《象》曰：「無魚」之「凶」，遠民也。

【注釋】

〔1〕起：引起，產生。

【譯文】

九四：廚房裏沒有魚，會引起兇險。

《小象傳》說：「沒有魚」的「兇險」，說明「九四」遠離民眾，失去民心。

【解說】

「初六」是陰爻，陰爻可喻為臣子、小人、百姓。「九四」本來與「初六」相應，但「九二」近水樓臺早已把「初六」占為己有，因而「九四」的廚房裏沒有「魚」（「魚」和「遇」諧音），有遠離民眾之象。究其原因，全在於「九四」以陽爻居陰位，不中不正。如此民心背離，必然會產生兇險。

【智慧點津】此爻揭示失去民心就會有兇險。

【案例解讀】<u>浙江一位班主任因為「雙減」引發家長憤怒被開除</u>。據搜狐網2021 年 9 月 23 日載：新學期開始到現在，全國中小學都在響應「雙減」政策，推出了課後延時服務，浙江的一所小學也不例外，但是該校的一位班主任卻在家長群裏瘋狂勸退。該教師不僅在群裏列舉了晚托班的各種壞處，還對各位家長出言不遜，嘲諷挖苦，引發眾多家長的不滿。第二天，他們紛紛向學校投訴。由於該教師此舉既有悖師德，又違背國家「雙減」的初衷，最後，涉事教師被學校堅決予以辭退。

44.8

九五：以杞包瓜〔1〕，含章〔2〕，有隕自天〔3〕。

《象》曰：九五「含章」，中正也。「有隕自天」，志不捨命也〔4〕。

【注釋】

〔1〕杞：杞柳，柔軟可以編製器物。瓜：匐匍在地上，屬於陰，甜美但容易腐爛。

〔2〕章：通「彰」，文采。

〔3〕隕：降落。

〔4〕捨：違背。

【譯文】

九五：用杞柳枝條編筐盛裝甜瓜，內心懷著美好的品德，有理想的遇合從天而降。

《小象傳》說：九五「內心懷著美好的品德」，是由於它居中守正。「有理想的遇合從天而降」，說明「九五」的心志沒有違背天命。

【解說】

上卦為乾，乾為白天，為大明，故說「彰」。本卦陰爻呈增長之勢，「九五」天子有隕落之險；但「九五」以陽爻居於陽位，剛健中正而處於君位，能夠以堅固的柳條完全將小人包容，足以防患於未然。同時，當遇之時，「九五」能夠屈己謙下，求遇相應之賢臣「九二」，那麼必有賢者從天而降，獲得吉祥。

【智慧點津】此爻揭示領導者中正，必然有美好的相遇。

【案例解讀】魏書生巧扮角色處理打架事件。魏書生是遼寧省特級教師，全國勞動模範，當代著名教育改革家，現任台州書生中學校長。他愛生如子，教生有方，留下了許多感人的故事。有一次自習課，他的班級裏有兩位同學吵架，話語十分難聽。他剛開始也是非常惱火，立刻把他們叫到辦公室準備訓斥。兩位同學進了辦公室，一見到他就害怕起來。他見此，氣也消了一半。於是，他想，面對犯錯誤的學生，一位教師可以扮演許多種角色。最終，他選擇了扮演嚴父與心理醫生的雙重角色，對他們曉之以理，動之以情，讓他們心悅誠服地接受了教育，並學到了控制自己情緒的方法。

44.9

上九：姤其角〔1〕，吝〔2〕，无咎。

《象》曰：「姤其角」，上窮吝也〔3〕。

【注釋】

〔1〕角：動物頭上長出的堅硬的東西，引申為角落。

〔2〕吝：憾惜。

〔3〕窮：盡頭，極點。

【譯文】

上九：在荒無人煙的角落相遇，心有憾惜，但沒有災禍。

《小象傳》說：「在荒無人煙的角落相遇」，說明「上九」居於窮極之地而導致相遇無人的憾惜。

【解說】

上卦為乾，乾為首，為剛強，「上九」居乾體之上，故有「角」之象。「上九」又以剛爻居姤卦之極，高而無位，距離「初六」小人最遠，因而難以與之相遇。「上九」又處姤卦之終，終則有變，正當由遇合走向離散之時，因而能夠免去陰邪之傷，所以又說「无咎」。

【智慧點津】此爻揭示遠離小人或者邪惡，沒有災難。

【案例解讀】郭泰遠離「黨錮之爭」存其身。郭泰一生博學多才，淡泊仕途與名利，被稱為東漢第一名士。東漢中後期，外戚與宦官集團交替把持朝政，相互傾軋，人民生活在水深火熱之中。士大夫、貴族對宦官亂政的現象頗為不滿，與宦官先後發生兩次黨爭，史稱「黨錮之爭」。兩次黨錮之禍都以反宦官集團的失敗而結束，士大夫集團遭受到了沉重的打擊。郭泰雖為太學生首領之一，但他深感世道艱危，因而平素「不為危言覆論」。由於他始終拒絕他人的舉薦，不願正式踏足官場，沒有公開批評朝廷或得罪宦官，故能在這場災難中幸免於難。

45. 萃卦第四十五——相聚相合

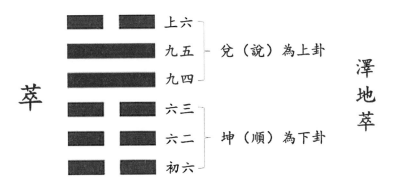

導讀：「人以類聚，物以群分。」作為教育工作者，應以自己豐富的學識和高尚的人格來吸引學生，讓他們「親其師，信其道」，成就自己的人生。

卦體下坤上兌。兌為澤，坤為地，有澤聚大地和洪水橫流之象；又兌為悅，坤為順，「九五」陽剛居中得正處尊位，眾陰外表喜悅，內心柔順，正可以相互來聚。「萃」，原指叢生的草；卦義為聚集、團結。本卦講述人與人之間如何聚合的道理。

45.1

萃：亨，王假有廟[1]。利見大人，亨，利貞。用大牲[2]，吉，利有攸往。

【注釋】

〔1〕假：到。有：於。

〔2〕大牲：指用牛作為祭祀的犧牲。

【譯文】

《萃》卦象徵聚合：亨通，君王親自到宗廟裏祭祀，祈求神靈保佑，以凝聚人心。有利於出現偉大的人物，亨通，有利於堅守正道。用牛羊等大的祭品獻祭能夠帶來吉祥如意，利於前去行事。

【解說】

古代君王聚合天下臣民，沒有比親自到太廟祭祖更感召人心，故說「王假有廟」。欲聚合天下之眾，必須要有一個正確的領導核心，堅守正道才能達到，否則就會形成烏合之眾，苟且偷生，故又說「利見大人，亨，利貞」。處萃聚之時，君王以誠敬之心準備諸如牛羊等豐厚的祭品，與民同樂，那麼臣民就會欣然前往，吉祥。

45.2

《彖》曰：萃，聚也。順以說[1]，剛中而應[2]，故聚也。「王假有廟」，致孝享[3]也。「利見大人，亨」，聚以正也。「用大牲吉，利有攸往」，順天命也。觀其所聚，而天地萬物之情可見矣。

【注釋】

〔1〕順以說：萃卦下卦為坤，為順；上卦為兌，為說，「說」通「悅」，為喜悅，故言「順以說」。

〔2〕剛中而應：指上卦居中的「九五」和下卦居中的「六二」相應。

〔3〕享：祭祀。

【譯文】

　　《彖傳》說：萃，指聚集。在下位者和順而居上者喜悅，「九五」中正之君和「六二」柔順之臣互助，故能團結大眾。「君王到宗廟去祭祀」，是為了表達孝心而祭祀祖先。「有利於出現偉大的人物，亨通」，是說他能帶領大家以正道聚合。「用牛牲祭祀，吉祥，有利於前往」，這是順應了自然規律。君子觀察天地萬物如何相聚，就可知曉他們的性情。

45.3

　　《象》曰：澤上於地，萃。君子以除戎器〔1〕，戒不虞〔2〕。

【注釋】

〔1〕除：修整。

〔2〕不虞：不測，意外。

【譯文】

　　《大象傳》說：澤水聚集在地上，象徵著聚合。君子效法此象，要修整兵器，防止意外情況的發生。

【解說】

　　水在地上聚集成澤，有聚合之象。湖澤會聚，就會泛濫，必然會產生災禍隱患。推廣到人事，人與人之間相聚久了，也會滋生各種變亂。因而，教育工作者從中得到啟示，學校在組織重大活動或開展大型集會時，要事先加強安全教育，同時，啟動應急預案，以備不測。

45.4

　　初六：有孚不終〔1〕，乃亂乃萃〔2〕。若號〔3〕，一握為笑，勿恤〔4〕，往无咎。

　　《象》曰：「乃亂乃萃」，其志亂也。

【注釋】

〔1〕孚：誠信。

〔2〕乃：於是。

〔3〕號：呼號。

〔4〕恤：憂慮。

【譯文】

初六：心存誠信但不能貫徹始終，於是行動混亂而與人妄聚。此時若能向正應者「九四」呼號，必能與之握手言歡；不用憂慮，前去行事沒有災禍。

《小象傳》說：「行動混亂而與人妄聚」，說明「初六」心志陷於迷亂。

【解說】

上交互卦為巽，巽為風，為號；下交互卦為艮，艮為手，為握；上兌為口，為悅；最上四爻大象為坎，坎為憂愁，故有「若號，一握為笑，勿恤」之象。「初六」與「九四」陰陽相應，本該會聚，但他質柔不能固守，又想相聚中正的「九五」，加之中間有兩個陰爻阻擋，因而，其心志迷亂，對「九四」的誠意不能保持至終，出現「有孚不終，乃亂乃萃」的境況。然而，如果「初九」迴心轉意，真誠呼號「九四」，「九四」定會傾囊相助，兩者將握手言歡，破涕為笑。所以，「初六」不必擔憂，大膽前進而沒有災禍。

【智慧點津】 此爻揭示會聚應誠信和專一，勇往直前。

【案例解讀】 春遊中的「失蹤」事件。zuotongzhang2014 年 4 月 9 日在其教育博客中這樣寫道：當天，他在學校的統一安排下，先組織班上學生蕩舟木魚湖，接著是每班派兩生參加爬錫山「奪紅旗」比賽，然後是歌舞表演和野餐。從木魚湖上岸，我們的第二個活動馬上要開始了，我將班上的學生集中，清點人數時，卻發現我要派出的兩名比賽幹將吳超洋和熊洋「人間蒸發」。沒有參加比賽的同學和我一樣，焦急萬分地在湖邊到處找尋他們，任憑我們喊破了喉嚨，都沒有發現他們的蹤跡。情急之下，我打電話問「奪紅旗」比賽帶隊老師胡老師，他說根本沒看到兩個孩子的影子。正當我焦灼不安，正想發動所有的學生幫著找人，胡老師突然來電告知：他們沒有遵守規則，早在遊戲開始之前就搶先來到山頂了！得知他們的下落，大家緊繃的心這才如釋重負。事後，我極力讚揚他們強烈的集體榮譽感精神，同時又嚴厲批評其「有

孚不終，乃亂乃萃」——擅自離隊帶來的隱患。起初，二人滿臉汗水和委屈，後來他們被同學們的笑話逗得破涕為笑，勇於承認了自己的錯誤，並向大家道了歉。接下來的歌舞表演和野餐，大家都玩得非常開心，這真是「若號，一握為笑，勿恤，往无咎」。

45.5

六二：引吉，无咎。孚乃利用禴（yuè）[1]。

《象》曰：「引吉无咎」，中未變也。

【注釋】

〔1〕禴：夏祭，古代一種祭品微薄的祭禮。

【譯文】

六二：受人招引而相聚可獲吉祥，沒有災禍。只要心懷誠信，即使是簡薄的祭祀也有利於獻享神靈。

《小象傳》說：「受人招引而相聚，沒有災禍」，這是因為「六二」居中守正的心志未曾改變。

【解說】

下交互卦為艮，艮為手，故有「牽引」之象。又下卦為坤，坤為吝嗇，引申為節儉；若「六二」發生交變，則下交互卦艮變為離卦，離為夏季，而禴為夏祭，所以有「利用禴」之象。「六二」以陰爻居陰位，具有柔順中正之德。如果他主動求聚相應的「九五」之君，就有媚上求寵之嫌，所以他虔誠等待「九五」的招引，「聚以正」「中未變也」才能得吉。這就好比祭祀，只要心懷誠信，雖然祭品簡單，神靈也會降福。

【智慧點津】此爻揭示誠信為聚集之本，可以被招聚。

【案例解讀】授予「共和國勳章」。據《中國青年報》2019 年 12 月 18 日刊載：2019 年 9 月 29 日上午，中華人民共和國國家勳章和國家榮譽稱號頒授儀式在北京隆重舉行，於敏等 8 人被授予「共和國勳章」，申亮亮等 28 人被

授予國家榮譽稱號。這些獲獎者的共同特徵就在於他們心中始終洋溢著對祖國的深沉大愛，對黨和人民的無限忠誠，「中未變也」。正是因為他們的無私付出、忠誠報國，才使我們的國防更加穩固，生活更加安寧，經濟社會發展更加欣欣向榮。

45.6

六三：萃如〔1〕，嗟如〔2〕，无攸利，往无咎，小吝。

《象》曰：「往无咎」，上巽（xùn）也〔3〕。

【注釋】

〔1〕萃如：相聚的樣子。

〔2〕嗟如：歎息的樣子。

〔3〕上巽：「巽」，通「遜」，指「六三」順從於上位的「九四」。

【譯文】

六三：相聚無人，只好歎息，沒有什麼好處；前去行事沒有災禍，但有小小的遺憾。

《小象傳》說：「前去行事沒有災禍」，這是因為「六三」能向上順從於陽剛。

【解說】

上交互卦為巽，巽為風，為嗟歎，故有「嗟如」之象。「六三」以陰爻居陽位，不中不正，在上與「上六」敵應，不得相聚，只好空自歎息；沒法，它只好和「九四」聚合，但「九四」已與「初六」相好，以致沒有人與它會聚，得不到任何利益。幸好，「六三」能以陰柔順從上位的「九四」陽剛，但「九四」也居非正位，而且兩者也非正應，如此相聚並非完全合乎正道，所以，前往不會有災禍，但有小小的遺憾。

【智慧點津】此爻揭示無聚莫感傷，應守正順從陽剛。

【案例解讀】韓信遇蕭何。西漢開國功臣韓信早年懷才不遇，先投奔項梁、

項羽，後追隨劉邦，都不得重用。後來，蕭何發現韓信是個奇才，月下追回他後，便大力向劉邦舉薦。於是，劉邦擇吉日隆重拜韓信為大將。韓信在戰場上屢建戰功，功勳卓越，成為「漢初三傑」之一。韓信好比「六三」，蕭何好比「九四」，起初韓信「萃如，嗟如」而「无攸利」，但最終和蕭何相聚相得，大展雄才，雖「小吝」，但「往无咎」。

45.7

九四：大吉，无咎。

《象》曰：「大吉，无咎」，位不當也〔1〕。

【注釋】

〔1〕位不當：「九四」以陽爻居於陰位。

【譯文】

九四：只有在大吉大利的情況下，才能夠沒有災禍。

《小象傳》說：「只有在大吉大利的情況下，才能夠沒有災禍」，這是因為「九四」居位不當。

【解說】

「九四」下乘坤體，坤為順利，為大眾，故說「大吉」。「九四」以陽爻居陰位不正，靠近「九五」之君，既與「初六」相應，又和「六三」相比，有大得民心之象，還有專權越分，欺君奪民之嫌。因而，「九四」作為重臣，做事只有鞠躬盡瘁，盡善盡美，率領群陰共同歸順「九五」，才能避免災難。

【智慧點津】此爻揭示聚集應動機純正，謹防專權越分，功高震主。

【案例解讀】<u>郭子儀壽終正寢</u>。郭子儀是唐朝中興名將，歷仕玄宗、肅宗、代宗、德宗四朝，官至太尉、中書令，一生平定「安史之亂」，兩次收復長安等，立下顯赫戰功，可謂功高蓋世。但他為人低調謙和，從不居功自傲，深受軍民的尊敬和愛戴。「權傾天下而朝不忌，功蓋一代而主不疑」，他最終以八十五歲而壽終，其善為人臣之道，留下了千古佳話。

45.8

九五：萃有位，无咎。匪孚〔1〕，元永貞〔2〕，悔亡〔3〕。
《象》曰：「萃有位」，志未光也。

【注釋】

〔1〕匪：不。孚：誠信。

〔2〕貞：守正。

〔3〕亡：消失。

【譯文】

九五：聚集之時高居尊位，沒有災禍。沒有廣泛取信於民，只有自始至終永遠地堅守正道，悔恨才會消失。

《小象傳》說：「聚集之時高居尊位」，說明「九五」會聚天下的志向還未發揚光大。

【解說】

「九五」被「上六」所掩，在兌體，兌為澤為暗，故說「志未光」。「九五」以陽爻居陽位，剛毅、中正，在君位，當然沒有過錯。但如果天下萬民仍然不能信任，團結在他的周圍，他就要反身修己，永遠堅守正道，才能使後悔消失。

【智慧點津】此爻揭示領袖要以德服眾，做群眾的榜樣。

【案例解讀】李希貴締造北京十一學校輝煌。「校長是一個學校的靈魂。學校的好壞和校長最有關係，一個好校長就是一所好學校。」李希貴是當代教育名家，北京十一學校聯盟總校校長。在執掌該校期間，他多年「元永貞」，甘當學生「首席服務官」，採取了一系列管理措施，如「選課走班」「14種教師激勵方案」等，「創造適合每一位學生發展的教育」，讓師生「獨立自主」，樂教愛學，學校發展蒸蒸日上，深受社會和家長的高度讚譽。師生萃聚其下，精誠團結，所獲良好口碑正是其高尚學識和高超管理藝術的完美展現。

45.9

上六：齎諮（jī zī）涕洟（tì yí）〔1〕，无咎。

《象》曰：「齎諮涕洟」，未安上也〔2〕。

【注釋】

〔1〕齎諮：諮嗟，歎息。涕洟：眼淚和鼻涕。

〔2〕上：上位，以「上六」所處爻位言之。

【譯文】

上六：唉聲歎氣而又痛哭流涕，沒有災禍。

《小象傳》說：「唉聲歎氣而又痛哭流涕」，說明「上六」未能安居此窮極的上位。

【解說】

上卦為兌，兌為口，為澤水，故有「齎諮涕洟」之象。「上六」陰居萃卦的終極之位，時窮運盡，既乘凌「九五」之尊，又和「六三」同性敵應，因而，沒有人追隨，只好痛哭落淚。但他居位得當，不願孑然一身，能知危懼禍，不敢自安，謹慎行事，所以，雖高高在上，卻不會發生災難。

【智慧點津】此爻揭示無所聚集時，應當戒懼反省以求聚。

【案例解讀】<u>小兒麻痺症女孩英子在掌聲中「重生」</u>。《掌聲》是董保鋼寫的一篇短文，收錄在人教部編版語文三年級上冊教科書中。文章講述了一個患小兒麻痺症的女孩英子，因為第一次上臺時獲得了同學的掌聲而逐步改變性格的故事。在一所學校裏，一般都有這樣的學生，他們或由於父母離異，或身體殘疾，抑或家庭貧困、成績差而自卑、孤僻，常常獨來獨往，感歎沒有朋友。對於這些特殊學生，教師理應給予更多的關愛，讓他們充分感受到集體的溫暖；同時，他們自己也應該積極調整心態，樂觀處世，豐富愛好，那麼朋友和快樂就會不期而至，如影隨形。

46. 升卦第四十六──日積月累

升　　　　　　　　上六┐
　　　　　　　　　六五├坤（順）為上卦
　　　　　　　　　六四┘
　　　　　　　　　九三┐
　　　　　　　　　九二├巽（入）為下卦
　　　　　　　　　初六┘

地風升

導讀：「合抱之木，生於毫末；九層之臺，起於累土；千里之行，始於足下。」作為教育工作者，只有順時隨勢，不斷提高自己的品德修養，才能造就更多的棟樑之材。

卦體下巽上坤。坤為地，巽為木，地中生木，有積小成大、日漸增高之象。「升」，原義指將酒斗從酒罈提起；卦義為升高，上進。本卦闡述學習應日積月累，不斷上升的道理。

46.1

升：元〔1〕亨，用見大人，勿恤〔2〕，南征〔3〕吉。

【注釋】

〔1〕元：盛大。

〔2〕恤：擔憂。

〔3〕南征：南行征伐。朱駿聲謂指文王伐崇，李鏡池謂指穆王徵楚。

【譯文】

《升》卦象徵上升：非常亨通，有利於拜見偉大的人物，不必擔憂，向南方進發會帶來吉祥。

【解說】

「積腋成裘，聚沙成塔。」「九二」剛中之臣與「六五」柔弱之君相應，必然能得到其賞識和提拔，實現天下大治，當然可以獲得亨通。「六五」為升卦尊爻和主體，但它不是「九五」，故卦辭說「用見大人」而非「利見大人」。從後天八卦的方位來看，下卦「巽」為東南方，上卦「坤」為西南方，這中間

共同的方位是南，南方為光明之地；又「巽」為謙遜，「坤」為柔順，憑此拜見大人，完全不必憂慮，只管前行便可得吉。

46.2

《彖》曰：柔以時升〔1〕，巽而順〔2〕，剛中而應〔3〕，是以大「亨」。「用見大人，勿恤」，有慶也。「南征吉」，志行也。

【注釋】

〔1〕柔以時升：升卦下卦為巽，巽為陰卦，為中女，為入，陰柔上行為升，故說「柔以時升」。

〔2〕巽而順：升卦下卦為巽，為遜（「巽」通「遜」）；上卦為坤，為順，故言「巽而順」。

〔3〕剛中而應：指下卦居中的「九二」陽爻和上卦居中的「六五」陰爻彼此相應。

【譯文】

《彖傳》說：「初六」陰爻以柔順之德依時上升至高位，謙卑而又和順，「九二」陽剛居中而又能和上層「六五」之君應援，所以說非常「亨通」。「有利於拜見偉大的人物，不必擔憂」，是說將有提拔之喜慶。「向南方進發吉祥」，說明君子的抱負可以暢行無阻。

46.3

《象》曰：地中生木，升。君子以順德〔1〕，積小以高大。

【注釋】

〔1〕順：順從，依照。

【譯文】

《大象傳》說：地裏邊生長出樹木，象徵著上升；君子效法此象，順應道德成長規律，積累微小以逐漸成就高尚的品格和偉大的事業。

【解說】

地中生長出樹木，由小到大，由低到高，逐漸成長，有上升之象。教育工作者從中得到啟示，於是遵循學生道德成長規律，積累點滴，逐漸讓他們成為棟樑之材。

46.4

初六：允升〔1〕，大吉。

《象》曰：「允升，大吉」，上合志也〔2〕。

【注釋】

〔1〕允：贊同。

〔2〕上：即指上方的「九二」和「九三」兩個陽爻。

【譯文】

初六：可以上升，非常吉祥。

《小象傳》說：「可以上升，非常吉祥」，是因為「初六」上承二陽與其升進之志相合。

【解說】

「初六」為升卦的初始之爻，位卑而陰柔，與「六四」又無應，因而無力上升；但它在下卦巽中，既具有「巽」順之德，又上承二陽的提攜，並與其志同道合一起上升，所以大吉。此外，「巽」為木，「初六」相當於樹根，得到地氣的滋養，自然要向上生長；同時根深才能葉茂，故其得到諸爻的贊許，能夠順勢乘時升遷，前途不可限量。

【智慧點津】此爻揭示升進應柔順待時，順其自然。

【案例解讀】徐俊初登教壇露鋒芒。徐俊是浙江省語文名師，全國小語十大青年名師，現任教於中國傳媒大學附屬杭州臨安中旭小學。2001 年，徐俊代表平陽縣在溫州市上課改展示課，執教《在大熊貓的故鄉》，精彩紛呈，獲得與會教師、專家的一致好評。從此，他嶄露頭角，屢獲各種殊榮，經常受邀在各地上課、講學，傳經送寶。「長風破浪會有時，直掛雲帆濟滄海」，明天，他必將在教海裏大放異彩，「允升，大吉」。

46.5

九二：孚乃利用禴（yuè）〔1〕，无咎。
《象》曰：「九二」之「孚」，有喜也。

【注釋】

〔1〕孚：誠信。禴：夏祭，古代一種祭品微薄的祭禮。

【譯文】

九二：只要心懷誠信，即使是簡薄的祭祀也利於獻享神靈，沒有災禍。
《小象傳》說：「九二」的「誠信」，必定會給自身帶來喜慶。

【解說】

陽爻為實，陰爻為虛，「九二」為陽爻，故說「孚」；它若發生爻變，則下
交互卦變為坎卦，坎為隱伏，有鬼神祭祀之象；又下交互卦為兌，兌為口，為
喜悅，所以又有「有喜」之象。「九二」與「六五」相應，有賢臣輔佐柔君之
象。「九二」以陽爻居柔位，有剛中之德，其以至誠之心求升於上，必然感通
「六五」，被委以重任，獲得「升遷」之喜。

【智慧點津】此爻揭示升進必須以誠信中正為本。

【案例解讀】「信義兄弟」公司紅火。孫水林、孫東林兄弟倆是武漢市黃陂區
建築商人，每年都會在年前給農民工結清工錢。2009 年底，哥哥孫水林為趕
在年前給農民工結清工錢，在返鄉途中遭遇車禍遇難。弟弟孫東林為了完成
哥哥的遺願，在大年三十前一天，將工錢送到了農民工的手中。「新年不欠舊
年賬，今生不欠來生債」，20 年來，他們恪守誠信，沒有欠過工人一分錢，被
人們稱為「信義兄弟」。目前他們所創辦的公司貨源充足，生意越做越大，一
步步走向了成功，實乃「孚乃利用禴，有喜也」。

46.6

九三：升虛邑〔1〕。
《象》曰：「升虛邑」，無所疑也。

【注釋】

〔1〕虛邑：無人的城鎮。

【譯文】

　　九三：上升順暢如入無人的城鎮。

　　《小象傳》說：「上升順暢如入無人的城鎮」，說明「九三」升進無礙，不必有所疑慮。

【解說】

　　上卦為坤，坤為大地，引申為國土、城鎮，故有「虛邑」之象。「九三」以陽爻居於陽位陽剛得正，又處巽極且和「上六」相應有助，還上臨坤順，如入空虛無人的城鎮，沒有阻礙，可以放心大膽地升進。不過，它畢竟過剛過中，也應謹慎為妙。

【智慧點津】此爻揭示升進應抓住機遇，謹慎勇往向前。

【案例解讀】張佳通過「體育單招」叩開名校大門。據搜狐網載：近幾年，上名校已不是只有高考一條路，體育生憑特長叩開名校大門的例子不勝枚舉。張佳就是其中的一名優秀學生。她是湖州長興人，從小學四年級就開始練足球，自幼足球天賦異常。讀高中時，她自知學習成績不算拔尖，但她下定決心要走「體育單招」這條路。於是，她一邊努力學習，一邊在麗州體育發展有限公司接受專業的足球訓練。功不唐捐，她在國內許多大型足球賽事中屢獲佳績，並拿到國家一級運動員證書。2020 年，她以綜合分第一的成績被寧夏大學運動訓練專業摘桂錄取。她發揮特長，揚長避短，圓夢大學的成長足跡，可謂「升虛邑，無所疑也」。

46.7

　　六四：王用亨於岐山〔1〕，吉，无咎。

　　《象》曰：「王用亨於岐山」，順事也。

【注釋】

　　〔1〕亨：通「享」，祭祀。岐山：地名，在今陝西岐山縣。

【譯文】

　　六四：君王到岐山祭祀神靈，吉祥而沒有災禍。

《小象傳》說：「君王到岐山祭祀神靈」，說明「六四」順應事物之情勢做事。

【解說】

上交互卦為震，震為諸侯王，四位也是諸侯位，震又為祭祀用的簋；下交互卦為兌，兌為口，故言「王用亨於岐山」。「六四」以陰爻居陰位，柔順得正，是君主「六五」身邊的重臣。其若再上升，必有功高震主之嫌；所幸他能上順君之意，下順民之升，順時順勢，行事謙恭，如祭祀一般虔誠；所以身處危懼之地而得吉祥，沒有災難。

【智慧點津】此爻揭示升進應順天應人，因時而變。

【案例解讀】高校順時開設大數據專業。當前，隨著互聯網行業的迅猛發展，大數據日益重要，與我們的生活緊密相連。它發展前景廣闊，但人才極度匱乏。為此，國務院曾印發《關於印發促進大數據發展行動綱要的通知》，明確鼓勵高校設立數據科學和數據工程相關專業，重點培養專業化數據工程師等大數據專業人才。目前，許多高校都開設了這一專業，實乃順時而行，順勢而為。

46.8

六五：貞吉，升階〔1〕。
《象》曰：「貞吉，升階」，大得志也。

【注釋】

〔1〕升：登。階：臺階。

【譯文】

六五：堅守正道可獲吉祥，乘勢沿著臺階穩步上升。

《小象傳》說：「堅守正道可獲吉祥，乘勢沿著臺階穩步上升」，表明「六五」大遂上升的心志。

【解說】

上卦為坤，坤為大地，為柔順，故有「升階」之象。「六五」以陰爻居陽

位不正，又資質柔弱，所以必須守持正固，才能獲吉。不過，「六五」居於尊位，柔順得中，又與下方「九二」剛健之臣相應，象徵得到賢能輔助，如同沿著臺階逐步攀升，一定能順利登上君位，實現大得進賢之志。

【智慧點津】此爻揭示升進應用賢求輔，堅守正道。

【案例解讀】孫家棟的天路。孫家棟是中國科學院院士，「共和國勳章」獲得者和「兩彈一星」功勳獎章獲得者。從事航天工作 60 多年來，他帶領「18 勇士」從一張白紙做起，永不言棄，攻克重重技術難關，主持研製了 45 顆衛星，實現了北斗衛星導航系統的組網和應用，樹立了我國航天史上新的里程碑，被新華社譽為中國的航天「大總師」「我國人造衛星技術和深空探測技術的開創者」。從導彈研製到人造衛星發射，孫家棟在中國航天事業上居功至偉，可謂「貞吉，升階，大得志也」。

46.9

上六：冥升〔1〕，利於不息之貞〔2〕。

《象》曰：「冥升」在上，消不富也〔3〕。

【注釋】

〔1〕冥：昏昧。

〔2〕不息：不停。

〔3〕消：消退。不富：不足。

【譯文】

上六：昏昧至極而繼續上升，有利於不停息地堅守正道。

《小象傳》說：昏昧至極而繼續上升至高位，說明「上六」的發展趨勢必將消退而不富足。

【解說】

上卦為坤，坤為黑暗，為虛空，故有「冥升」「不富」之象。「上六」是升卦的終極之爻，時窮運盡，前行無路，難有作為。如果盲目上升，必然利令智

昏，升得越高，摔得越重。所以，必須不停的堅持正道，才會有利。

【智慧點津】此爻揭示升進應適可而止，否則後力不繼。

【案例解讀】<u>武漢韋博英語跑路倒閉</u>。韋博英語是一家全國性的英語培訓機構，被稱為成人英語培訓巨頭之一。不久前，武漢韋博英語培訓機構跑路倒閉，僅武昌區涉及的學員就有 1000 多名，有 1826 萬元未消費培訓費，每天有三四十名學員或家長到學校要求退費。業內人士稱，韋博英語之所以突然倒閉，與它近年來在全國大規模擴張，同時大力進軍少兒英語以及線上英語培訓市場緊密相關，在這種瘋狂擴張的步伐下，市場運營成本上升，課程質量下滑，用戶黏性不再，加上新投資方引進不利，資金鏈斷裂，因而企業陷入崩盤必然在所難免。「月滿則虧，水滿則溢」，由此可見，「冥升，利於不息之貞」。

47. 困卦第四十七——走出困境

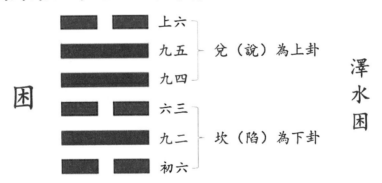

導讀：「人生不如意者十之八九。」作為教育工作者，要做到困難面前不怨天，挫折面前不尤人，致命遂志，順時隨勢，才能柳暗花明又一村，困窮而通。

卦體下坎上兌。兌為澤，坎為水，水在澤下，有大澤漏水枯涸，萬物陷困之象；又卦中陽剛為陰柔所掩，象徵君子才智難展，居處困境。「困」，本義指廢棄的房屋；卦義為窮困。本卦闡釋如何解困。

47.1

困：亨。貞，大人〔1〕吉，无咎。有言不信〔2〕。

【注釋】

〔1〕大人：指德高望重的人。

〔2〕有言不信：上卦為兌，兌為口；下卦為坎，坎為耳朵、心病多疑，因而說「有言不信」。

【譯文】

《困》卦象徵窮困：努力拯濟必能亨通。堅守正道，大人可以獲得吉祥，沒有災禍。此時空言很難令人相信。

【解說】

「窮則變，變則通，通則久」，君子處困而能自濟，必致亨通。卦中「九二」和「九五」陽剛處中，類似「大人」；它們具有陽剛中正之德，只有樂觀堅強，少說話多做事，才能突破重圍，順利渡過難關。

47.2

《彖》曰：困，剛揜也〔1〕。險以說〔2〕，困而不失其所「亨」，其唯君子乎！「貞，大人吉」，以剛中〔3〕也。「有言不信」，尚口乃窮也。

【注釋】

〔1〕剛揜：指下卦坎中「九二」被「初六」「六三」所掩；上卦兌中「九四」「九五」被「上六」所掩。象徵君子被小人遮掩，陷入困頓之中。揜，通「掩」。

〔2〕險以說：困卦下卦為坎，為險；上卦為兌，為說。說，通「悅」，為喜悅，故言「險以說」。

〔3〕剛中：指「九二」和「九五」都是以陽爻居於上下卦的中位。

【譯文】

《彖傳》說：窮困，是指陽剛（卦中三個陽爻）被陰柔（卦中三個陰爻）所掩蓋（喻才智和抱負難以施展）。君子身陷危險卻能樂觀面對，如此雖處困境而不失其操守，獲致亨通。這大概只有君子才能做到吧！「堅守正道，大人吉祥」，因為「九五」和「九二」分別以剛爻居於上下卦的中位，具有剛中之德。「處困者說話不被人相信」，是說他崇尚空談，脫困沒有指望。

47.3

《象》曰：澤無水，困。君子以致命遂志〔1〕。

【注釋】

〔1〕致命：獻身。遂：完成，實現。

【譯文】

《大象傳》說：水滲澤底，澤枯水乾，大澤之中沒有水，象徵著困窮。君子效法此象，寧願犧牲生命，也要實現自己的志向。

【解說】

水滲澤底，澤水下泄導致澤中無水，有困窮之象。教育工作者從中得到啟示，要忠誠黨的教育事業，甘為人梯，無私奉獻，寧可捨棄生命也要實現自己崇高的志向。

47.4

初六：臀困於株木〔1〕，入於幽谷，三歲不覿（dí）〔2〕。

《象》曰：「入於幽谷」，幽不明也。

【注釋】

〔1〕株木：樹樁。

〔2〕覿：見。

【譯文】

初六：臀部被困在樹樁上坐立不安，只得退隱到幽深的山谷裏，多年不與外人相見。

《小象傳》說：「退隱到幽深的山谷裏」，是說君子處在幽暗不明的地方。

【解說】

上交互卦為巽，巽為草木；下坎為溝渠，似臀，故有「臀困於株木」之象。又巽為順入，坎為隱伏，為幽靜；上兌為澤，也為幽暗，故說「入於幽谷」。下互為離，離為目，為見，「初六」到「九四」間隔三爻，所以有「三歲不覿」之象。「初六」處「困」之始，柔弱卑下，深陷下卦「坎」險的最底下；上面雖與「九四」相應，但「九四」失正亦困，難以獲得支持。它窮困至極，有如臀部坐在樹樁上，安穩難久；又像是進入了昏暗的深谷中，多年

未曾露面，見不到光亮。

【智慧點津】此爻揭示初陷困境，不能妄動，應靜觀時變。

【案例解讀】<u>部分大學生就業四處碰壁</u>。目前，許多大學生畢業後，都能找到滿意的工作，但仍有少數大學生，就業比較困難，形勢相當嚴峻。筆者認為，這與世界經濟下行，高校教學內容和專業設置、教學方式滯後、學生心理期望值過高以及個人實際能力欠缺等密切相關。而這些學子只有轉變觀念，重新「回爐」充電，才有可能實現再就業，走出「幽谷」。

47.5

九二：困於酒食，朱紱（fú）方來〔1〕，利用享祀，征凶，无咎。

《象》曰：「困於酒食」，中有慶也。

【注釋】

〔1〕朱紱：紅色的蔽膝，它是古代貴族的官服，這裡比喻「榮祿」。

【譯文】

九二：酒食貧乏困窮時，榮祿就將來到，此時利於祭祀神靈，以求保佑；若急於行動，將有兇險，但最終沒有災禍。

《小象傳》說：「酒食貧乏困窮時」，說明「九二」堅守剛中之德，就會贏得福慶。

【解說】

下卦為坎，坎為水，故有「酒食」之象。上爻互卦為巽，巽為繩，為紱；下爻互卦為離，離為日，為朱，所以又有「朱紱方來」之象。「九二」處下卦坎中，以陽爻居於陰位失正，又被「初六」和「六三」上下兩個陰爻所包圍，前行阻礙重重，大志難伸。此時，如果其貪功冒進，就會有「征凶」之患。所幸，「九二」具有剛中之德，能夠安守自處，加之和「九五」患難與共，志同道合，所以最終仍會獲得福慶。

【智慧點津】此爻揭示處困必須剛中自守，安貧樂道。

【案例解讀】<u>范仲淹「劃粥斷虀」</u>。范仲淹年幼家貧，生活異常艱苦。每天晚上，他用糙米煮好一鍋稀飯，等第二天早上凝凍以後，用刀劃成四塊，早晚各取兩塊作為主食，這就是「劃粥」。沒有菜，就切幾根醃菜來下飯，這就是「斷虀」。當某留守的兒子知道他的清苦後，就帶來美味佳餚來看他，他卻說「習慣」而已，幾天未動。正是憑著這股苦讀的勁頭，使他後來成為北宋著名的政治家、文學家。

47.6

六三：困於石，據於蒺藜（jí lí）〔1〕，入於其宮〔2〕，不見其妻〔3〕，凶。

《象》曰：「據於蒺藜」，乘剛也。「入於其宮，不見其妻」，不祥也。

【注釋】

〔1〕蒺藜：草名，一種有刺的植物。

〔2〕宮：家。

〔3〕妻：指與之相應的「上六」。

【譯文】

六三：被巨石擋路，站在蒺藜之上；回到家中，又看不見了自己的妻子，有兇險。

《小象傳》說：「站在蒺藜之上」，說明「六三」陰柔凌駕在「九二」陽剛之上。「回到家中，又看不見自己的妻子」，說明有不祥之兆。

【解說】

下卦為坎，坎為險、為堅木，故為蒺藜，「六三」在坎上方，故說「據於蒺藜」。「六三」在上交互卦巽中，巽為長女、為妻子，為順入；又在下交互卦離中，離為目、為見，中虛如宮，所以說「入於其宮，不見其妻」。「六三」以陰爻居於陽位，不中不正。想前進但有像巨石般的「九四」阻擋，又無力突破；想後退，也有像多刺蒺藜般的「九二」斷後，難以安穩；不得已，轉回家去，又看不到妻子。由於「六三」與「上六」同性相斥，終於找不到

安身的場所，所以兇險。

【智慧點津】此爻揭示處困無法自拔，如僥倖妄進，否則越陷越深。

【案例解讀】<u>教師借款騙錢被判刑</u>。據 2013 年 6 月 13 日中國宣城網載：寧國市某石姓教師因買彩票及賭博虧空較大，採取借新債補舊債的方法，向同事和朋友等熟人借高利貸，先後借款 227 萬元。後來，為支付高額利息，他又利用自己教師的身份，向其所任教班級的學生家長無息「借錢」。最後，他因詐騙罪被法院判處有期徒刑 12 年。

47.7

九四：來徐徐，困於金車〔1〕，吝，有終。
《象》曰：「來徐徐」，志在下也。雖不當位，有與也〔2〕。

【注釋】
〔1〕金車：用銅裝飾的馬車，這裡指「九二」。
〔2〕與：幫助。

【譯文】
九四：遲緩而來，卻被一輛金車所困阻，不免有所憾惜，但最終會有好的結局。

《小象傳》說：「遲緩而來」，說明其心志在屈尊救援下層。雖然所處地位不妥當，但因與下志同道合而如願。

【解說】
《周易》的「往」是指爻自下向上，而「來」是指爻自上而下。坎為輪，為堅實的車，「九二」為陽爻，故稱其為金車。「初六」處坎卦最底下，無力脫險。「九四」與「初六」相應，應當加以援救。可是，「九四」以陽爻居於陰位不正，力量不足，中間又有「九二」金車阻礙，以致援救行動遲緩。不過邪不勝正，兩者陰陽「有與」互助，最後仍然能突破「九二」的阻礙，達到目的。

【智慧點津】此爻揭示解救窮困，應有外援，徐圖突破。

【案例解讀】<u>錢學森衝破阻撓回國</u>。錢學森是享譽世界的科學泰斗，他被譽為中國「航天之父」。1935 年 9 月，他進入麻省理工學院航空系學習，很快成為當時知名的空氣動力學家。為了改變祖國貧窮落後的面貌，他學成後毅然決定回國。但美國人為了挽留他，先給予他 9000 美元的年薪和許多榮譽，又非法將其拘留、監視，百般阻撓，而他始終不為所動，果斷拒絕。最後，經過中國政府的不懈努力，以及多方力量的斡旋，他才踏上了祖國的土地。

47.8

九五：劓刖（yì yuè）〔1〕，困於赤紱〔2〕，乃徐有說〔3〕，利用祭祀。
《象》曰：「劓刖」，志未得也。「乃徐有說」，以中直也。「利用祭祀」，受福也。

【注釋】
〔1〕劓：割鼻。刖：古代一種砍掉腳的酷刑。
〔2〕赤紱：朱紱，紅色官服。
〔3〕說：同「脫」，擺脫。

【譯文】
九五：君王好像遭受割鼻斷足之刑，困窮於尊位；但可以逐漸擺脫困境，應當虔誠地祭祀神靈。
《小象傳》說：「好像遭受割鼻斷足之刑」，是說君子志向尚未實現。「逐漸擺脫困境」，完全是由於「九五」堅守剛中正直之道。「應當虔誠地祭祀神靈」，就可得到神的降福。

【解說】
上卦為兌，兌為毀折，為脫落，故言「說」。「九五」被「上六」與「六三」上下二陰所包圍，困在當中，就像遭受割鼻斷足之刑，象徵其蒙受奇冤大辱。「九五」之困便是天下之困。不過，「九五」以陽爻居尊位，剛毅中正，

加之又和「九二」君臣同心同德，共濟天下，求感於神，社稷可保，終會走出困境，獲得喜悅。

【智慧點津】此爻揭示解除窮困，應剛毅中正，樂觀誠信。

【案例解讀】「當代保爾」張海迪。張海迪5歲因患脊髓病而高位癱瘓。但她沒有沮喪和沉淪，而是以頑強的毅力和恒心與疾病做鬥爭，先後發憤自學完了小學、中學及大學、碩士研究生的課程，並翻譯和編著了多部著作。1983年，被團中央授予「優秀共青團員」光榮稱號，享有「八十年代新雷鋒」和「當代保爾」的美譽。

47.9

上六：困於葛藟（lěi）〔1〕，於臲卼（niè wù）〔2〕，曰動悔。有悔，征吉。

《象》曰：「困於葛藟」，未當也。「動悔，有悔」，吉行也。

【注釋】

〔1〕葛藟：葛與藟，攀附纏繞的蔓生植物。

〔2〕臲卼：驚恐不安。

【譯文】

上六：被葛藤纏繞困住，驚恐不安，此時盲目行動就會招致悔恨。如果及時悔悟，前進必獲吉祥。

《小象傳》說：「被葛藤纏繞困住」，說明「上六」居位置不甚妥當。「盲目行動就會招致悔恨，如果及時悔悟」，前進必獲吉祥。

【解說】

上爻互卦為巽，巽為草木，上卦兌形為倒置的巽，正反巽表示被葛藤纏繞，無法掙脫，困困重重。又「六三」至「上六」構成大坎卦，坎為加憂、心病，故有「葛藟」「臲卼」之象。「上六」處困之極，窮困到極點，就像被葛蔓纏身，陷入動搖不安的險地。這時，採取行動，就會後悔，但如果能夠悔改，三思而後行，就會柳暗花明。

【智慧點津】此爻揭示解除窮困貴在反省突圍。

【案例解讀】<u>愛迪生巧測燈泡體積</u>。有一次，愛迪生把一只有孔的廢玻璃燈泡交給助手阿普頓，讓他測算一下燈泡的容積。於是，阿普頓拿起燈泡開始測算，他先測量燈泡的直徑和高度，然後進行計算。但是，由於燈泡的形狀很不規則，有像球形的地方，又有不像球形而像圓柱體之處，可是那裡又不完全像圓柱體，測算起來十分繁瑣而複雜。幾個小時過去了，只見阿普頓臉上滲出了汗珠，桌子上擺滿他畫的草圖和多張白紙上寫著密密麻麻的數據和計算公式，但仍然沒有結果。愛迪生觀察和沉思了一會兒後，笑著說：「阿普頓，你是否可以換用另一種方法計算呢？」接著，愛迪生拿過燈泡，一下把它沉到洗臉池中，讓燈泡灌滿了水，然後再把水倒入量筒，幾秒鐘就測算出水的容積，當然也就是玻璃燈泡的容積了。這時，阿普頓才恍然大悟。

48. 井卦第四十八——修己惠生

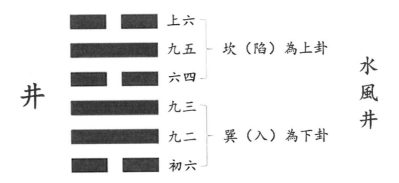

導讀：「捧著一顆心來，不帶半根草去。」作為教育工作者，應忠誠黨的教育事業，不斷進德修業，不斷傳道受業解惑，「燃燒自己，照亮別人」，才能實現自己的人生價值。

卦體下巽上坎。坎為水，巽為木、為入，木入於水，有以木桶從井中取水之象。卦中各陽爻為實，象徵著井水；各陰爻為虛，象徵著井身；「初六」居於最下，象徵著井底。「井」，即「丼」，本義指設有方形護欄、提取地下水的深水坑；卦義為水井，水井可以養人，引喻人才修德奉獻社會。本卦闡述正己修身，施惠他人之道。

48.1

　　井：改邑〔1〕不改井，無喪無得，往來井井。汔（qì）至亦未繘（jué）〔2〕井，羸（léi）其瓶〔3〕，凶。

【注釋】

　　〔1〕邑：城邑。

　　〔2〕汔：幾乎，將近。繘：井轆轤上的繩子。

　　〔3〕羸：毀壞。瓶：汲水用的陶罐。

【譯文】

　　《井》卦：象徵奉獻無窮。城邑遷移而水井不改變，井水不會枯竭也不會溢滿，來來往往的人都到井裏來打水。汲水快到井口，繩索還未離開井口時水瓶卻打破了，有兇險。

【解說】

　　古代以八家為一井，四井為一邑。城邑可以搬遷，但井則因為固定而無法遷徙移動，所以說「改邑不改井」。井水又「取之不竭，存之不盈」，所以說「無喪無得」。這些體現井有恆常和奉獻之德。此外，人們絡繹不絕，可以隨時隨地自由汲取井水，故說「往來井井」。「為山九仞，功虧一簣」，井水眼看提到井口了，卻打翻了水瓶，這是兇險的兆頭，故又說「汔至亦未繘井，羸其瓶，凶」。「一方水土養一方人」，水井是古代群聚村落的生命之源。君子應如水井一樣，不斷清理、修繕，進德修業，造福社會。

48.2

　　《彖》曰：巽乎水而上水〔1〕，井。井養而不窮也。「改邑不改井」，乃以剛中〔2〕也。「汔至，亦未繘井」，未有功也。「羸其瓶」，是以凶也。

【注釋】

　　〔1〕巽乎水而上水：井下卦為巽，巽為木，為入；汲水時水桶由下到上提起，才發揮功用，故言「巽乎水而上水」。

　　〔2〕剛中：指「九五」和「九二」都是以陽爻居於上下卦的中位。

【譯文】

　　《彖傳》說：木桶進入水下而向上提水，這就是井卦。井水養人而功德無窮。「村莊城邑可以遷移而水井仍在原處」，這是因為「九五」和「九二」分

別以剛爻居上下卦的中位，具有剛中不變之美德。「汲水快到井口，繩索還沒有拉上來」，是說井水養人還沒有發揮功用。「汲水時撞破瓦罐」，所以有兇險。

48.3

《象》曰：木上有水，井。君子以勞民勸相〔1〕。

【注釋】

〔1〕勸：勸勉。相：互助。

【譯文】

《大象傳》說：用木桶源源不斷地從地下打水，象徵著井的供養無窮。君子效法此象，從而不辭勞苦地為大眾謀福利，勸勉人們互相幫助。

【解說】

古井皆在井底之部制以四方形木框，所以井卦有「木上有水」之象。教育工作者從中得到啟示，師生應開展「青藍工程」「手拉手，結對幫扶」等活動，相互幫助，從而提高教育教學質量。

48.4

初六：井泥不食，舊井無禽〔1〕。
《象》曰：「井泥不食」，下也〔2〕。「舊井無禽」，時捨也〔3〕。

【注釋】

〔1〕禽：禽獸。
〔2〕下：「初六」居下卦下位。
〔3〕捨：捨棄。

【譯文】

初六：井底泥沙沉積，不能飲用，這口井久未修治，甚至連鳥雀都不來光顧。

《小象傳》說：「井底泥沙沉積不能飲用」，因為「初六」處卑下之位。「這口井久未修治，甚至連鳥雀都不來光顧」，說明此井已為人禽所棄。

【解說】

下交互卦為兌，為口，為食，下巽卦形為反兌，反兌即為不食，故言「不食」。又上交互卦為離，離為雉，下交互卦兌為毀折，水井和禽被毀折，故說「舊井無禽」。「初六」在最下位，相當於井底的泥沙。它以陰爻居陽位失正，且上面與「六四」無應無助，因而如同一眼乾涸而遭人廢棄的井，污濁不堪，更談不上為人畜所飲用。井貴養人，必先掏井，君子鑒此，應該不斷修身，「時時勤拂拭，莫使惹塵埃」，才能與時俱進，不斷奉獻社會。

【智慧點津】此爻揭示君子應當不斷更新自己，否則必將被社會所淘汰。

【案例解讀】方仲永「泯然眾人」。《傷仲永》是北宋文學家王安石創作的一篇散文。它講述了江西金溪有一個叫「方仲永」的神童，因後天父親不讓他學習又被父親當作造錢工具而淪落為一個普通人的故事。該故事告訴我們，一個人天資再聰穎，如果不注重後天的學習和努力，也會一事無成，落得「舊井無禽，時捨也」的結局。

48.5

九二：井谷射鮒（fù）〔1〕，甕敝漏〔2〕。

《象》曰：「井谷射鮒」，無與也〔3〕。

【注釋】

〔1〕井谷：井底孔穴。射：古人打魚用箭射。鮒：小魚。
〔2〕甕：陶罐。敝：破。
〔3〕無與：指「九二」和「九五」不能互助。

【譯文】

九二：在井底的穴隙中射取小魚，汲水的陶罐又破又漏。

《小象傳》說：「在井底的穴隙中射取小魚」，說明「九二」上面沒有人援助（難以出水致用）。

【解說】

下卦為巽，巽為魚，有「鮒」之象；上交互卦為離，離卦中空外實，有

「甕」之象。「初六」陰柔居於井底，如同那些幽暗之處的小魚小蝦。「九二」以陽爻居陰位不正，與上卦的「九五」不相應，而趨下和「初六」相比，以致陶罐破舊，井水漏失，不能上汲，只能供鯽魚等小魚生存。「九二」如同一位才德兼備的君子，因無君主賞識而懷才不遇，但若能反省修德，終會有出頭之日，惠人濟世。

【智慧點津】此爻揭示賢才需要及時引薦，以盡其用。

【案例解讀】<u>屈原愛國壯志難酬</u>。屈原才華橫溢，憂國憂民，屢諫楚懷王改革內政，「親賢臣，遠小人」，希望楚國國富民強。但楚懷王「內惑於鄭袖，外欺於張儀」，逐步使楚國走向衰亡，屈原也屢次遭讒被疏，「無與也」。公元前278年，秦國大將白起率軍南下，攻破了楚國國都，屈原的政治理想破滅，對前途倍感絕望，雖有心報國，卻無力回天，只得以死明志，於是在同年五月懷恨投汨（mì）羅江自殺。

48.6

九三：井渫（xiè）不食[1]，為我心惻[2]。可用汲，王明，並受其福。
《象》曰：「井渫不食」，行惻也。求「王明」，受福也。

【注釋】
〔1〕渫：清除污泥。
〔2〕惻：悲傷。

【譯文】
　　九三：水井已掏治潔淨卻沒有人飲用，讓我內心感到悲傷。可以趕快飲用，如果君王聖明（汲用此井水），臣民都會受到他的福澤。
　　《小象傳》說：「水井已掏治潔淨卻沒有人飲用」，表明「九三」的行為讓人惋惜。企盼「君王聖明」（懂得任用賢才），使臣民都能承受福澤。

【解說】
　　下爻互卦為兌，兌為口，若「九三」發生爻變，則上爻互卦離變為艮卦，艮為停止，禁止入口，同時，兌口消失，故有「井渫不食」之象。又上卦為

坎，坎為加憂，為心病；上交互卦為離，離為火，為目，為明，所以又有「心惻」和「王明」之象。「九三」以陽爻居陽位得正，不斷清潔修身，在下卦的最上位，已是清澈的泉水；它雖與「上六」相應，但「上六」軟弱無力，毫無能力提攜，以致它不能飲用，令人惋惜。「九三」猶如賢士在野，未被君主賞識和任用，因而，難免自怨自艾。不過，明智中正的「九五」之君，終會「伯樂相馬」，讓這些賢士為國效力，天下百姓必定會得到福惠。

【智慧點津】此爻揭示賢才只有遇見「伯樂」，才能發揮自己的才幹。

【案例解讀】<u>蕭何月下追韓信</u>。據《史記‧淮陰侯列傳》記載：起初韓信追隨項羽，默默無聞，不被重視。隨後，他又投靠劉邦。但劉邦得知他出身微賤，只是隨便給他封了個小官。韓信自知永無出頭之日，於是，某天乘著夜色棄官逃走。但是蕭何非常賞識韓信，深恐失去人才，不顧道路艱難，戴月將其追回。接著，蕭何勸說劉邦命他為大將軍，韓信得以重用，為漢朝的建立立下了汗馬功勞。

48.7

六四：井甃（zhòu）〔1〕，无咎。
《象》曰：「井甃，无咎」，修井也。

【注釋】
〔1〕甃：修砌。

【譯文】
六四：用磚石壘砌加固井壁，沒有災禍。
《小象傳》說：「用磚石壘砌加固井壁，沒有災禍」，是說應當及時修治水井。

【解說】
「六四」以陰爻居陰位得正，柔弱無力，與「初六」又無應無助，因而不能大量供水，需要修理好井壁。井壁會不時脫落，產生污垢，因而需要不定期修整。君子效法井德，只有不斷修身，充實和完善自己，才能惠養於人。

【智慧點津】此爻揭示君子應不斷進德修業，才能更好地福澤大眾。

【案例解讀】<u>曾國藩反身修德</u>。曾國藩一生修身律己，始終堅持知過、改過，正己為先。他或每天通過日記記錄自己的過失，時常警惕以求改過；或經常通過親朋好友求建議、求忠告，「不要讓我因過失而墮落」，正如他在日記中寫道：「一切事情都必須每天堅持檢查，一天放鬆，就會導致日後補救更為艱難。」除此之外，他還知過必改，「知己之過失，承認它、改正它，就是進步」。他的這種自查行為，印證了孔子的「見賢思齊焉，見不賢而內自省也」。正是因為他能長期如此，才讓他深受兒孫的敬重，也令他最終成為「晚清中興四大名臣」之一。

48.8

九五：井洌（liè）〔1〕，寒泉食。
《象》曰：「寒泉之食」，中正也。

【注釋】

〔1〕洌：潔淨，清涼。

【譯文】

九五：井水潔淨清涼，就像甘甜涼爽的泉水一樣可供天下人飲用。

《小象傳》說：「像甘甜涼爽的泉水一樣可供天下人飲用」，這是因為「九五」具有陽剛中正之德。

【解說】

上卦為坎，坎為水，為冬（寒）；上交互卦為離，離為明，下交互卦為兌，兌為口，故有「井洌」「寒泉食」之象。「九五」以陽爻居陽位，既中且正，是一位賢德之君。他治國治民所施行的仁政，如同清洌甘甜的泉水，必能滋養天下，救濟萬民，為萬世所擁戴和敬仰。

【智慧點津】此爻揭示君子中正廉潔，才能造福天下。

【案例解讀】<u>袁隆平造福世界人民</u>。「共和國勳章」獲得者、中國工程院院士袁隆平，是我國研究與發展雜交水稻的開創者，也是世界上第一個成功利用水稻雜

種優勢的科學家，被譽為「雜交水稻之父」。從 1964 年開始，他就潛心研究雜交水稻，「我不在家，就在試驗田；不在試驗田，就在去試驗田的路上」，最終創建了超級雜交稻技術體系，使水稻的單產和總產得以大幅度提高，為我國糧食安全、農業科技創新、世界糧食發展作出了重大貢獻。「發展雜交水稻，造福世界人民」，他一生為糧食事業奮鬥，終生提倡節儉節約，恰如甘泉一般滋潤人類，福報社會，讓人肅然起敬。

48.9

上六：井收，勿幕〔1〕，有孚，元吉。
《象》曰：「元吉」在上，大成也。

【注釋】

〔1〕收：轆轤收井繩，比喻汲水完成。幕：遮蓋。

【譯文】

上六：轆轤井繩收放完畢，不要蓋上井口，心懷誠信，大吉大利。

《小象傳》說：「上六」高居上位而「大吉大利」，這說明井水的養人之功已經大功告成。

【解說】

「上六」爻變為巽卦，巽為繩子；又上卦為坎，坎口沒有掩蓋，故說「井收勿幕」。「上六」處於井卦的最上位，有井中之水離井之象，實為井卦大用之爻。井水汲取不盡，勿須加蓋，繼續恩澤大眾，吉祥無比。君子效此在最高位時，就應當始終誠心誠意地為民服務，才能永保吉祥。

【智慧點津】此爻揭示君子居於高位時，應當博愛廣施，造福大眾。

【案例解讀】於漪一片丹心育桃李。於漪是全國著名特級教師，榮膺「全國三八紅旗手」「人民教育家」等光榮稱號。60 多年來，她躬耕教壇，「一輩子做教師，一輩子學做教師」，堅持「教文育人」，首創「師徒帶教」模式，為我國基礎教育改革發展作出了突出貢獻。2002 年退休後，雖然離開了一線講臺，但她仍心繫教育事業，把自己的晚年時光又無償地奉獻給一批又一批青年教師。「井收勿幕」，「站上講臺，用生命歌唱」，這是她一生光輝的寫照。